AS MENTIRAS DO OCIDENTE

CIP-BRASIL. CATALOGAÇÃO NA PUBLICAÇÃO
SINDICATO NACIONAL DOS EDITORES DE LIVROS, RJ

M518

As mentiras do Ocidente / coordenação da coleção e organização deste volume Dagoberto José Fonseca. - 1. ed. - São Paulo : Selo Negro, 2022.
192 p. ; 24 cm. (África, presente! : negritude e luta antirracista ; 1)

Inclui bibliografia
ISBN 978-65-998837-1-2

1. Negros - História. 2. África - Civilização. 3. Europa Ocidental - Relações raciais. 4. Negros - Identidade racial. 5. Racismo. I. Fonseca, Dagoberto José. II. Série.

CDD: 305.89609
22-80260 CDU: 316.347(09)

Meri Gleice Rodrigues de Souza - Bibliotecária - CRB-7/6439

www.selonegro.com.br

EDITORA AFILIADA

ÁFRICA, PRESENTE! NEGRITUDE E LUTA ANTIRRACISTA

AS MENTIRAS DO OCIDENTE

Coordenação e organização deste volume da coleção:
Prof. Dr. Dagoberto José Fonseca

SELO NEGRO EDIÇÕES

Editora executiva: **Soraia Bini Cury**
Coordenação editorial: **Carlos Tranjan / Página Viva**
Preparação: **Cely Carmo Giraldes**
Capa, projeto gráfico e diagramação: **José Rodolfo Arantes / Página Viva**
Revisão: **Denise Camargo e Andrea Souzedo**

Selo Negro Edições

Departamento editorial
Rua Itapicuru, 613 – 7º andar
05006-000 – São Paulo – SP
Fone: (11) 3872-3322
http://www.selonegro.com.br
e-mail: selonegro@selonegro.com.br

Atendimento ao consumidor
Summus Editorial
Fone: (11) 3865-9890

Vendas por atacado
Fone: (11) 3873-8638
e-mail: vendas@summus.com.br

Impresso no Brasil

Sumário

Apresentação da coleção

A **Coleção África, presente! Negritude e luta antirracista** nasce do esforço sincero, do desprendimento e da humildade de intelectuais, estudiosos, pesquisadores e professores de diversas universidades e instituições de pesquisa científica e de ensino universitário do Brasil e do exterior. A meta é problematizar, ampliar, aprofundar, construir diálogos e produzir um maior conhecimento científico sobre séculos de história, contando para isso com autores oriundos de inúmeras e variadas comunidades étnicas e culturas presentes no Brasil e em outras regiões do planeta, especialmente no continente africano.

Inspirada na coleção História Geral da África, trabalhada desde 1964 pela Organização das Nações Unidas para a Educação, a Ciência e a Cultura (Unesco), a presente coleção pretende ser um espaço de produção e divulgação do pensamento não hegemônico acerca de africanos, afro-brasileiros e indígenas, construindo assim novas categorias, outras metodologias, interpretações pioneiras, análises inéditas e conceitos autênticos da nossa realidade social.

Assim, visa legitimar o pensamento destituído de paradigmas, conceitos e metodologias euro-ocidentais e se contrapor a essas bases que tanto contribuíram para fomentar e aprofundar os racismos e suas vertentes mais funestas em todas as esferas da sociedade. É nosso objetivo também propiciar a reescrita da história dos povos escravizados — inclusive antes da chegada dos conquistadores europeus —, a fim de sistematizar os valores civilizatórios, as culturas e as formas de expressão dessa humanidade inegavelmente filha da África.

Problematizar o etnocentrismo presente na diversidade de instituições, teorias e métodos da ciência é um dos motes desta coleção, sobretudo porque boa parte do conhecimento que foi difundido e abrilhantou pessoas, instituições e agências do pensamento euro-ocidental foi aprisionada, sequestrada, pirateada, surrupiada e traficada, na maioria dos casos usurpada de forma violenta. Mais tarde, esse conhecimento se transformou em produtos patenteados em algumas poucas nações, autodenominadas desenvolvidas — as mesmas que vivenciaram por séculos a compra de corpos e de saberes de outros povos originários e de grupos étnico-raciais presentes na América, na Ásia, na Oceania, na Europa eslava e, em especial, na África.

Dessa forma, os autores desta coleção, individual e coletivamente — cada um a seu modo, mas com rigor acadêmico e científico —, estão construindo uma crítica cultural e política à razão euro-ocidental e abrindo um canal epistêmico para a sistematização de uma contra-hegemonia de base negra-indígena, questionadora da ciência brancocêntrica euro-americana-ocidental. Assim, trata-se de uma fortaleza dinâmica que se projeta contra os racismos embasada na ciência, com teorias sustentáveis, evidências e inferências legítimas e análises fidedignas.

É importante desfazermos erros e pseudoverdades científicas que foram construídos por séculos a fim de suprimir corpos, subjugar povos e escravizar mentes com base no uso de uma ciência cujo objetivo principal sempre foi manipular fatos em prol da hegemonia de um pequeno grupo de pessoas, quase sempre brancas. Em suma, aqui reunimos o trabalho de pesquisadores, cientistas e intelectuais de diversas áreas e nacionalidades que se dedicam a construir uma nova identidade coletiva pautada nos valores civilizatórios das negritudes antigas e novas, bem como nas lutas antirracistas que têm sido protagonistas no continente africano e nas inúmeras Áfricas que estão em tantos corpos e mentes mundo afora.

As imemoriais pinturas rupestres e os antigos escritos decodificados em papiros, pergaminhos, paredes de rochas, cavernas e pedras — como a Pedra de Rosetta —, bem como as publicações científicas atuais, impressas e digitais, revelam como o conhecimento científico produzido em vastas regiões do planeta nos leva ao legado africano para toda a humanidade de ontem, de hoje e de amanhã. Ainda assim, muitos são os que desconhecem essa realidade científica, sobretudo por não terem tido a oportunidade de aprender essa verdade quando eram estudantes dos diversos níveis de ensino. Nem mesmo no continente africano crianças, jovens e adultos têm acesso a essas informações e a uma formação científica que forneça essa aprendizagem.

É importante salientar que se construiu ao longo de séculos uma invisibilidade e um silêncio sepulcral perante o conhecimento científico, tecnológico, cultural e filosófico africano. Tanto que as conquistas e contribuições de cientistas como Cheikh Anta Diop ainda são vistas como ousadas em pleno século XXI por apresentarem as ricas e vigorosas dinastias do Egito antigo — ou melhor, as civilizações que fizeram o grande império do Kemet florir em todo seu apogeu na África Setentrional e que impactam até hoje o pensamento científico e filosófico contemporâneo, atingindo em cheio a Europa, a Ásia, a Oceania e a América.

Talvez uma das formas mais emblemáticas para superar esse desconhecimento abissal sobre a centralidade africana no conhecimento humano seja justamente começarmos a repensar nossa condição social, psíquica e cultural de animal que fomos, somos e estamos, como já apontaram diversos cientistas — de Charles Darwin, com sua teoria da origem das espécies, em uma perspectiva evolucionista, a Edgar Morin, com seu método da complexidade. Há também os avanços científicos e a certeza dessa verdade insofismável que nos foi dada pelos resultados colhidos em definitivo pelo Projeto Genoma e tornados públicos pelos cientistas James D. Watson, Felipe Fernández-Armesto e Luigi Luca Cavalli-Sforza, entre outros, sobre nossa monogenia — isto é, nossa origem comum africana.

Apresentação deste volume

O volume 1 desta coleção busca descortinar as bases sociais, culturais, econômicas, filosóficas, políticas e intelectuais que sustentaram o pensamento euro-ocidental a partir de pseudoverdades e que propiciaram a constituição de uma ciência fundada no próprio etnocentrismo europeu.

O eurocentrismo científico formulou hierarquias de saber e conhecimento que fomentaram conquistas, violências e usurpações ao longo de um processo histórico carregado de ideologias que sistematizaram o racismo, a xenofobia, a misoginia e a morte de grupos e povos de referências étnico-raciais distintas em vários continentes, sobretudo na África e na América.

Nesse sentido, a presente obra aponta diferentes caminhos teórico-metodológicos e novas bases epistêmicas e paradigmáticas a partir do continente africano. Também traz para o diálogo a produção e o conhecimento das populações indígenas originárias do Brasil, a fim de contribuir com o processo de construir novos — ou não tão novos — referenciais para o saber-fazer-saber sistêmico que ora chamamos também de ciência.

O primeiro capítulo, de Renato Noguera e Alexandre de Lourdes Laudino, versa sobre a obra e os ensinamentos de Ptahhotep, um dos grandes filósofos da antiga civilização kemética, que viveu na V Dinastia do Reino Antigo do Kemet (atual Egito). O texto aborda de modo crítico, analítico e interpretativo as bases do pensamento africano e da conduta ética e moral a partir das máximas, dos conselhos e dos ensinamentos de bem-viver desse filósofo, vizir e conselheiro do faraó Djedkare-Isesi (cerca de 2500 a.C.).

Renato e Alexandre demonstram como, a partir de Ptahhotep, pode-se falar de uma filosofia que atingiu e influenciou o pensamento greco-romano, especialmente quando o aproximam de Epicteto, filósofo grego que nasceu na condição social de escravizado e foi considerado um dos ícones do estoicismo. Os autores dialogam com filósofos e cientistas de diversas regiões do continente africano e da contemporaneidade para construir, partindo do pensamento do filósofo da antiga civilização kemética, as bases da filosofia e da cosmovisão africanas, a fim de problematizar, aprofundar e ampliar os estudos e as reflexões sobre os valores civilizatórios africanos e sua contribuição para toda a humanidade. Desse modo, desnudam o pensamento belicista europeu e apresentam uma filosofia africana do entendimento, da compreensão e do diálogo permanentes.

No segundo capítulo, Dagoberto José Fonseca aborda as concepções, narrativas, histórias, culturas e mentalidades formativas do pensamento euro-ocidental com base em metodologias, teorias, paradigmas, ideologias e mitos que o constituíram como valor civilizatório. De forma direta, o autor demonstra como esse eurocentrismo foi sendo inventado. Calcados em mentiras, constituíram-se o exclusivismo eurocêntrico, a exclusão e a eliminação da diversidade, bem como a concepção de pensamento único e verdadeiro.

O capítulo descortina e desmonta a falácia que serviu aos colonialismos, aos escravismos, aos imperialismos, aos capitalismos, aos socialismos, aos neoliberalismos, aos globalismos, aos racismos, aos genocídios, aos feminicídios e aos cientificismos de caráter supremacista, inclusive tendo como linhas de transmissão desses pensamentos instituições formativas, educativas e ditas científicas.

No terceiro capítulo, Muryatan Santana Barbosa aponta as ideologias euro-ocidentais como fatores de constituição de um pensamento único e em flagrante disputa por hegemonia, o que se contrapõe ao pensamento científico e político existente na África — especialmente a Subsaariana —, onde se aceita e se respeita a diversidade e a pluralidade como parte do processo de conquista do consenso coletivo. Desse modo, ele articula essa visão da cultura política africana com o postulado da democracia africana, que inspirou os gregos e permanece até os dias atuais.

Dialogando com as obras de pensadores e políticos africanos, o autor traça o perfil do pensamento político africano a partir de uma conjuntura que envolve disputas, convergências e alianças, oferecendo uma leitura de mundo autônoma e plural sobre identidade africana, negritude política e democracia nos moldes tradicionais e modernos a partir das diferentes realidades que as nações africanas experimentaram no contexto da Guerra Fria e das lutas independentistas, tensionadas e incentivadas pelo pan-africanismo africano.

O quarto capítulo, escrito por Bas'Ilele Malomalo, problematiza os conceitos de unidade e diversidade cultural africanas a partir do pensamento de Cheikh Anta Diop, mas também recorre a conceitos e categorias africanas para analisar as bases filosóficas e ontológicas da cultura africana — como Maât e Ubuntu —, sobretudo a produzida e difundida pelos povos etnolinguísticos de matriz bantu.

Nesse sentido, o autor aprofunda-se no conhecimento dos povos bantus, ou melhor, de suas cosmopercepções acerca das articulações entre unidade e diversidade presentes nas práticas culturais endógenas africanas que sofreram diante das conjunturas sociais oriundas dos escravismos e das demais violências perpetradas pelo universo cultural europeu, sem, no entanto, perder sua lógica primária e marcadamente preservada pelos valores civilizatórios da ancestralidade.

No quinto capítulo, Tatiane Pereira de Souza provoca uma reflexão crítica e epistêmica acerca de como tratarmos a África não em uma perspectiva singular, mas multifacetada, que permite referenciá-la como Áfricas, a continental e as além-mar, espalhadas pelo mundo. Áfricas diversas, eméritas, pluriversais — para tanto, ela aborda com essas referências um método compreensivo, dialógico e interdisciplinar baseado na afroperspectiva.

A autora apresenta essas Áfricas sustentada por uma epistemologia e uma perspectiva teórica e metodológica em diálogo permanente com estudiosos, filósofos, historiadores e cientistas sociais da América Latina, da África e de outras regiões do mundo. Entre eles estão pensadores do movimento panafricanista. Dessa forma, propicia um olhar novo e crítico ancorado na afroperspectiva como método e teoria vinculados às realidades sociais e às culturas de raiz africana que expressam uma identidade negra como parte do nosso legado civilizacional.

Patrício Batsîkama, autor do sexto capítulo deste volume, aborda de modo crítico os diversos impérios e reinos africanos, dando ênfase ao Reino do Kôngo e aos demais reinos que formaram o atual país que é Angola. Elabora um panorama sobre os impactos dos escravismos e dos colonialismos que permanecem até o momento atual — e de diferentes formas atingem as várias sociedades africanas, especialmente a angolana.

O autor explora as questões associadas às violências produzidas pelas diversas instituições sociais, políticas, econômicas, culturais e filosóficas difundidas e aplicadas pelas nações da Europa Ocidental, particularmente após o século XV. Elas marcaram os processos de constituição das identidades coletivas que foram sustentadas, a partir de um amplo movimento de conscientização da realidade social, pelo conceito político-ideológico de negritude.

No sétimo capítulo da obra, Denise Dias Barros analisa as relações comunitárias, familiares e ancestrais das sociedades africanas, sobretudo a partir da convivência no cotidiano relacional da etnia dogon, no Mali. Com perspicaz capacidade etnográfica, a autora penetra no universo sociocultural dogon e estabelece contato com os anciãos, os *griots* e os conhecedores dos tratamentos de saúde-cura acerca da loucura, bem como com aqueles que fazem da saúde coletiva uma dimensão de cultivo e de respeito aos saberes da medicina e dos valores tradicionais.

De maneira lúdica, Denise transita por narrativas poéticas, interroga os tratamentos e os saberes médicos presentes milenarmente na cultura comunitária dogon e aponta, com base nesse grande cabedal de conhecimento científico antigo sobre as doenças, as curas da loucura. Ao abordar os tratamentos de saúde e atendendo aos valores culturais e civilizatórios dos dogons, ela também expressa as dimensões sociais, culturais, políticas, econômicas, mágicas e sagradas vinculadas à cosmovisão africana dessa etnia.

O oitavo capítulo deste volume é escrito por duas mulheres indígenas de etnias brasileiras distintas, Kowawá Kapukaja Apurinã e Kunhã Jeguakai Nhandeva Charrúa, a primeira uma apurinã; a segunda, uma guarani nhandeva. A abordagem é rica de poesia e de metáforas do universo cultural e semântico indígena, mas também de denúncia e de resistência. As autoras tratam das lutas que os povos indígenas têm realizado, no Brasil e em todo o continente americano, por suas terras e seus territórios ancestrais, sagrados e milenares; por seus corpos biológicos, culturais e políticos, que são contracoloniais; e contra o projeto de morte das identidades étnicas e coletivas posto em prática por governos assassinos que dão continuidade ao ideário escravista, expropriador e violento de grupos e das nações capitalistas.

Assim, elas falam de resistência — logo, de vida e de esperança — e estabelecem um contraponto entre os valores civilizatórios das nações indígenas e aqueles dos povos euro-ocidentais. Dialogando com Ailton Krenak, Antônio Bispo dos Santos e Davi Kopenawa Yanomami, entre outros, elas mergulham no conceito ancestral de esperança, no respeito à sustentabilidade do planeta e nos conhecimentos dos antigos — contrapondo-se à cultura euro-ocidental, pautada na destruição e na morte.

1. Ptahhotep e a filosofia como modo de vida

Renato Noguera e Alexandre de Lourdes Laudino

A pergunta "o que é filosofia?" é insistentemente feita para iniciantes no campo e, em certa medida, revitalizada a todo momento por intelectuais experientes da área. Não existe uma maneira única de enfrentarmos essa interrogação. Aqui, escolhemos abordar o problema trazendo para o diálogo um filósofo antigo: Ptahhotep, pensador do Kemet.

Como o pensamento kemético não é tão popular quanto o grego nos manuais de filosofia, cabe uma contextualização. Com base em leituras de Cheik Anta Diop (1974, 1983), George James (2005) e Molefi Asante (2000), situaremos brevemente o cenário histórico em que o filósofo viveu. Ptahhotep foi vizir da V Dinastia do Reino Antigo do Kemet (c. 2414-2375 a.C.), um filósofo com formação clássica nas Per Ankh — escolas que formavam filósofos, escribas, médicos, arquitetos, administradores e todo tipo de atividades que podemos chamar de "intelectuais".

De acordo com o historiador e filósofo francês Pierre Hadot (2004), o discurso filosófico na Antiguidade estava subordinado à forma como o filósofo vivia; portanto, "é necessário reconhecer que a escolha do filósofo determina seu discurso" (p. 21). Se havia algo a que devesse ser fiel, nesse caso, era a seu modo de vida. Portanto, não se pode considerar os sistemas e/ou as atividades filosóficas produções em si e válidas por si; antes de tudo, é preciso analisar a forma como viveu tal filósofo. Portanto, a filosofia está vinculada à vida do filósofo, configurada, e não há possibilidade de compreendê-la sem antes entender o vínculo entre a atividade filosófica e a vi-

WIKIMEDIA COMMONS

Busto de Ptahhotep, filósofo que viveu durante a V Dinastia do Reino Antigo do Kemet (Egito antigo).

vência do filósofo na prática de tal atividade. Ou seja, "[não] pode-se separar o discurso de Sócrates da vida e da morte de Sócrates" (Hadot, 2004, p. 21).

Antes de a cultura grega, uma das bases mais celebradas do Ocidente, ser reduto de textos filosóficos, os africanos, especialmente no Kemet, já produziam discursos que estavam vinculados a modos de vida (Asante, 2000; James, 2005). Eduardo David de Oliveira (2006, p. 166-7) argumenta em favor do fazer filosófico como conduta.

> Filosofia é antes de tudo uma ética, uma conduta frente aos outros, uma atitude frente ao mundo e a nós mesmos. [...] A Ética é uma atitude que se tem diante do outro: outro animal, vegetal, divindade. Essa atitude é organizada de acordo com a forma cultural do grupo. É ética a atitude que preserva as formas culturais do grupo. [...] A ética é mais que princípios que orientam as ações, ela é em si mesma uma atitude. A ética de matriz africana não se queda submissa aos filósofos de gabinete, aos chefes de Estado, ao sacerdócio religioso etc. Ela é um patrimônio coletivo fabricado em larga escala de tempo. [...] A filosofia africana, como dissemos, é antes de tudo uma ética. Desenquadrada dos moldes da filosofia clássica, medieval e moderna, a filosofia de matriz africana abre-se para várias possibilidades.

Hieróglifos antigos egípcios em parede de pedra. Em destaque, o símbolo da Per Ankh.

Símbolo da Per Ankh (Escola de Vida).

Pois bem, quando o assunto é filosofia africana, sem dúvida nomes como George James (2005), Cheik Anta Diop (1974), Théophile Obenga (2004) e Molefi Kete Asante (2000) são incontornáveis.

> O trabalho mais conhecido de James se chama *Stolen legacy: the Greek philosophy is a stolen Egyptian philosophy* [Herança roubada: a filosofia grega é um roubo da filosofia egípcia]. O título da obra já é contundente e não faltam comentários que apontem possíveis exageros na obra. Porém, a leitura cuidadosa do trabalho, seguramente ainda pouco feita nos circuitos acadêmicos, pode certamente dirimir algumas confusões por conta de leituras enviesadas. Existe o mérito do trabalho de James ser uma provocação incisiva contranarrativa e anti-hegemônica. Na tese jamesiana, o "legado furtado" significa que os primeiros filósofos gregos têm uma dívida impagável com os filósofos egípcios, que permanecem pouco conhecidos e raramente aparecem nos manuais e compêndios de história da filosofia. (Noguera, 2011, p. 23)

Seguindo uma perspectiva semelhante, temos a obra do intelectual Molefi Kete Asante (2000). Em seu livro *The Egyptian philosophers* [Os filósofos egípcios], o autor apresenta de forma sintetizada a filosofia do Kemet, bem anterior aos textos gregos. Em sua pesquisa, ele discorre sobre a cronologia dos primeiros filósofos de que se tem notícia em escala global. O autor dedica-se ao pensamento filosófico de um período anterior ao denominado pré-socrático na Grécia. Cita, por exemplo, Imhotep, com trabalhos que datam de aproximadamente 2700 a.C., e Ptahhotep, cujo texto foi escrito durante o período da V Dinastia do Reino Antigo do Kemet. Como se pode notar, os keméticos são pensadores anteriores aos gregos, cujas primeiras formulações filosóficas datam do século VI a.C. Para Asante, Ptahhotep foi o primeiro filósofo a produzir noções de ética, ao passo que Imhotep tratava de questões metafísicas. A respeito de Ptahhotep:

> Foram preservadas 37 máximas de sabedoria de vida disponíveis no *Papiro Prisse*, além de outros dois papiros com fragmentos atribuídos ao mesmo autor. Conforme os estudos de vários egiptólogos, o material foi escrito aproximadamente em 1900 a.C. As máximas foram organizadas por Christian Jacq no livro *Lês maximes de Ptahhotep, l'enseignement d'un sage au temps des pyramides.* (Noguera, 2011, p. 42)

Essas 37 máximas (também chamadas de instruções ou prescrições) podem ser consideradas um conteúdo de ética formal, o qual consta de um prólogo, destinado a apresentá-las, e de um epílogo, reservado ao futuro vizir, cargo semelhante ao de ministro. Deixemos aqui a apresentação de Ptahhotep que justificará a confecção de parte de suas instruções:

> *Ó, rei, meu senhor,*
> *a idade está aqui, chegou a idade avançada.*
> *Veio a languidez, cresce a franqueza,*
> *Dorme-se qual criança o dia inteiro.*
> *Os olhos estão baços, os ouvidos surdos,*
> *Esvai-se a força de cansaço,*
> *A boca, silenciada, não fala,*
> *o coração, vazio, não lembra o passado,*
> *os ossos doem em toda parte.*
> *O que era bom tornou-se mau, todo o gosto se foi;*
> *O que a idade faz à gente é mau sob todos os aspectos.*
> *O nariz, tapado, não respira;*
> *é penoso estar de pé e estar sentado.*

Que se ordene a este servo fazer um bordão de velhice,
para que se lhe digam as palavras dos que escutaram,
os caminhos dos antepassados,
que escutaram os deuses.

Ptahhotep (apud Carrera, 1994, p. 100-1)

Ao que se sabe, Ptahhotep serviu como vizir ao faraó Djedkare-Isesi, aproximadamente no ano 2500 a.C. Por estar muito idoso, e percebendo que não lhe restaria muito tempo de vida, decidiu redigir um texto que abarcasse toda a sua experiência e parte do que conhecia. A produção tinha como objetivo reunir um conjunto de princípios[1] que prestaria auxílio a filósofos, políticos, juízes, comerciantes, membros da família real e qualquer pessoa que tivesse acesso à leitura. Nesse período, alguns filósofos atuavam como escribas, tal como formulou o historiador da filosofia e egiptólogo José Nunes Carrera (1994, p. 97):

> O Estado [no período e no território egípcio] não existia sem funcionários, chamados *escribas* em toda a longa história do Egito faraônico. Foi essa classe que possibilitou e exigiu o aparecimento de instruções. [...] A mais antiga instrução integralmente conservada — a de Ptahhotep — tem em mira a formação global de jovens gerações de funcionários. Aí temos os valores éticos aplicados a situações tão diversas como comportamento à mesa, o trato com mulheres, os perigos da avareza. [...] O ideal humano que procura transmitir-se ao funcionário em situações concretas é válido para as camadas mais amplas da população.

De acordo com José Carlos Fernández (2013), os escritos de Ptahhotep foram encontrados pelo artista plástico, engenheiro e egiptólogo Prise d'Avennes (1807-1879). Em uma leitura afrocentrada baseada em Asante (2000) e Obenga (2004), o material kemético foi indevidamente apropriado por algo

1. Os ensinamentos de Ptahhotep estão compreendidos no livro *Papiro Prisse*, que pode ser consultado na Biblioteca Nacional da França e encontrado também no Museu Britânico, em forma de papiros, e no Museu Egípcio, no Cairo. Em língua portuguesa, os ensinamentos do filósofo estão no livro do historiador, egiptólogo, escritor e professor aposentado da Universidade de Brasília (UnB) Emanuel Araujo (veja as referências bibliográficas).

que interpretamos como "milícias acadêmicas" estruturadas pelo chauvinismo eurocêntrico. De volta ao texto, o objetivo central dos ensinamentos de Ptahhotep, além dos já citados, seria o de guiar os leitores a tomar melhores decisões, dirigir as práticas de modo eficiente, controlar os impulsos e não ceder a excessos e paixões, não se entregar ao ódio, atentar para as coisas simples da vida e a educação dos filhos, reprimir a arrogância, bem como buscar conhecimento. Podem-se constatar algumas dessas características já na primeira máxima atribuída a Ptahhotep, na qual o filósofo diz (apud Jacq, 2000, p. 247): "Não sejas arrogante por causa do que sabes; mas converses tanto com o não instruído e com o douto. Não existe limite na busca do conhecimento, também nenhum artífice possui plena perícia dessa arte. Palavras justas são mais raras que esmeraldas e podemos encontrá-las entre servas moendo pedras".

Na primeira máxima atribuída ao filósofo, que tem como tema "a humildade para aprender", observamos o cuidado do autor em relação ao conhecimento, pois uma possível interpretação pode nos levar a entender que a arrogância seria um fator que impediria a prática do filósofo na busca do saber (episteme, isto é, ἐπιστήμη). O pedantismo é uma aguda manifestação de arrogância e um sério problema no campo ético e epistemológico, visto que o pedante muitas vezes ignora e desqualifica a posição alheia justamente por ser contrária ou adversa. É comum que o arrogante ignore os interlocutores, dando crédito apenas ao próprio ego, e, com frequência, ocorre a precipitação. Ptahhotep certamente não ficaria exultante com a situação atual de nossas universidades, principalmente com os aspirantes a filósofos, pois não raras vezes ocorre que os alunos de boa formação,

> após terem lido dois ou três livros apenas, às vezes muito menos que isso, de terem conhecido muito superficialmente um ou dois grandes filósofos [...] se sentem capazes, logo nos primeiros meses do ano letivo, de já arrotarem sentenças categóricas, de decretarem conclusões, de darem respostas definitivas a problemas filosóficos dificílimos, de imporem suas opiniões como absolutas e, o que é pior, acham-se cultos e preparados o suficiente para tentar destruir reputações de professores e de pessoas que já estudavam filosofia de modo sério e com afinco quando eles ainda nem existiam. (Piva, 2007, p. 75)

A precipitação, ou arrogância, é sinal de imaturidade, preconceito e ignorância. Se pensarmos como Ptahhotep, o conhecimento pode ser adquirido, como diz a primeira de suas máximas, no tratamento com o homem letrado e, do mesmo modo, com o homem não letrado. Algo semelhante aparecerá séculos à frente na filosofia ocidental quando deparamos com as ideias de Epicteto, filósofo que nasceu escravo (por volta de 55 d.C.) e foi considerado um dos ícones do estoicismo. Há uma passagem do pensamento de Epicteto que reitera o ensinamento supracitado de Ptahhotep sobre a arrogância. Segundo o filósofo grego (2006, p. 71),

> não existe qualquer conhecimento conclusivo, definitivo, sobre alguma coisa [...] quando percebemos como de fato sabemos pouco, nos iludimos com menos facilidade [...] a arrogância é a máscara mais banal da covardia [...] a presunção é como um portão de ferro: não nos permite a entrada de novos conhecimentos, a expansão de possibilidades nem as ideias construtivas.

Os dois filósofos parecem destacar o prejuízo que a arrogância e a presunção trazem ao conhecimento. Percebe-se que, diferentemente de muitos outros filósofos, em especial os das correntes ocidentais modernas e contemporâneas, Ptahhotep e Epicteto concordam que a sabedoria pode ser alcançada tanto pelos mais abastados (no caso, Ptahhotep) como também pelos mais desprovidos, materialmente falando (visto o caso de Epicteto).

A literatura sapiencial, nome dado por egiptólogos ao conjunto de textos didáticos cuja composição contava com conhecimento e ensinamento, é o ponto de partida para compreendermos o modo egípcio de pensar e agir quando se quer entender a era faraônica e seus desdobramentos. Trata-se de um numeroso conjunto de textos que representam as reflexões de caráter mitológico, religioso, filosófico e científico. Em entrevista à filósofa María Teresa Román López, professora de filosofia da Universidad Nacional de Educación a Distancia (Uned), o professor Francisco Martín Valentin, diretor do Instituto de Estudios del Antiguo Egipto (IEAE) e estudioso do tema, disse que a literatura sapiencial consta de escritos que versam sobre ensinamentos relacionados à experiência fundamental de pessoas que faziam parte da estrutura organizacional egípcia, estavam a par de todas as normas, regras e ética daquele contexto e portavam cargos de confiança — sendo, por conseguinte, extremamente importantes.

Na entrevista,[2] o professor Valentin diz que os escritos da literatura sapiencial eram ensinamentos, por se tratar de um conteúdo a ser praticado em vida que vai de quem tem tal conhecimento para quem não tem experiência. Segundo ele, é um conhecimento ético, baseado nas normas naturais do cosmo. Esses ensinamentos eram passados para os discípulos, que, por sua vez, deveriam seguir tais prescrições de maneira rígida a fim de repassá-las às gerações futuras. Ainda segundo o professor, as prescrições contidas nos ensinamentos dos pensadores egípcios foram um fator de extrema importância na manutenção da harmonia estrutural da sociedade egípcia que permaneceu por milênios.

Para o aprendizado e o entendimento, a escuta é fundamental. Nessa concepção, aconselha-se ao menos douto que aprenda a arte de ouvir. A não observância desse detalhe é sinal de ignorância. Sobre isso, Ptahhotep (apud Jacq, 2000, p. 76) diz:

> *Quanto ao ignorante, ele não escuta*
> *Nem entende nada.*
> *Para ele o conhecimento é idêntico à ignorância.*
> [...]
> *Ele faz tudo que é detestável,*
> *De modo que diariamente causa irritação.*
> *Ele vive do que faz morrer. Seu alimento é o discurso distorcido.*
> *Sua característica, que os nobres bem conhecem,*
> *É esta: é um morto*[3] *vivendo cada dia.*

Nas palavras de Christian Jacq, doutor em estudos egiptólogos (2000, p. 12),

> é por ter sabido criar seres desta estirpe que a civilização egípcia venceu o tempo, a barbárie, os invasores e a loucura da destruição. Apesar dos golpes que recebeu, esta sabedoria continua a irradiar e a nos atingir. É ela que constitui, sem dúvida, o verdadeiro segredo dos antigos egípcios.

---

2. Disponível em: http://canal.uned.es/mmobj/index/id/12625. Acesso em: 25 ago. 2021.

3. "Um não saber é a pior morte" (Hadot, 2004, p. 61).

WIKIMEDIA COMMONS

Máscara do faraó Amenemope (993-984 a.C.), da XXI Dinastia do Reino Antigo do Kemet.

As reflexões filosóficas contidas nos preceitos de Ptahhotep e de outros filósofos do período faraônico têm, em certo sentido, a necessidade de buscar pôr em prática os ensinamentos a fim de ajudar e orientar os outros na arte de governar a si mesmos e os outros. A respeito da leitura dos textos e da aquisição de conhecimento, Amenemope (apud Jacq, 2000, p. 20) diz que:

> *Eles informam e educam.*
> *Eles tornam o ignorante sábio.*
> *Se os lermos ao ignorante,*
> *Ele se purificará graças a eles.*
> *Deixa-te penetrar por estes textos,*
> *traze-os dentro de teu coração.*

Os ensinamentos egípcios indicam a necessidade e as vantagens de seguir o faraó; ademais, prescrevem como devem se comportar os funcionários e todos aqueles que habitam o território egípcio. Faz parte da conduta dos cidadãos mais abastados, que pertencem às classes mais distintas, a reverência à hierarquia que se faz presente naquela estrutura social. É praxe também reconhecer a experiência, a sabedoria e os ensinamentos dos mais versados.

A palavra é um instrumento de muita estima e deve ser usada com extrema cautela, pois "uma palavra perfeita está mais oculta que a pedra verde. [No entanto] a encontramos junto aos servos [que trabalham] na mó" (Ptahhotep apud Jacq, 2000, p. 78). Há uma preocupação a respeito daquilo que se diz ao outro em muitas passagens dos fragmentos que nos restaram da produção intelectual. Podemos notar que, no Egito antigo, a irascibilidade e a impetuosidade são vícios reprováveis na perspectiva da ética de Ptahhotep. O pensador ensina que, em uma contenda, deve-se ter muita prudência na utilização das palavras, evitar ao máximo se exaltar e revidar os excessos e não responder aos impulsos. Nas palavras do próprio filósofo, há três modos de agir quando se está numa espécie de conflito,[4] a saber:

> 1. "Se encontrares um contendor em seu [melhor] momento, um homem poderoso e superior a ti, abaixa teus braços e curva tuas costas, [pois] insultá-lo não o fará concordar contigo. Não te importes com palavras duras, não o contestando em seu argumento. Ele será chamado de ignorante e tua contenção enfrentará seu jorro [de palavras]". (Ptahhotep apud Araujo, 2000, p. 247)
>
> 2. "Se encontrares um contendor em seu [melhor] momento que seja um teu igual, de tua posição, farás com que teu valor o supere pelo silêncio enquanto ele fala de modo hostil. Serás aprovado pelos que ouvem e teu nome será agradável aos magistrados". (ibidem)
>
> 3. "Se encontrares um contendor em seu [melhor] momento, um homem humilde que não seja um teu igual, não o ataques por ser fraco. Deixa-o em paz, ele se refutará a si mesmo. Não lhe responda para aliviar teu coração, não laves teu coração contra teu oponente. Desprezível é aquele que humilha um homem humilde, [embora] cada um aja segundo seu coração, mas ao bateres nele terás a reprovação dos magistrados". (ibidem)

Das 37 máximas atribuídas a Ptahhotep, as três supracitadas nos incitam a refletir sobre qual postura adotar em um debate quando a situação está a caminho de sair do controle e do bom senso. O autocontrole é um valor e, como parece pensar Ptahhotep, uma virtude que deve ser objeto de ambição dos mais fortes.

---

4. Segundo Emanuel Araujo (Araujo, 2000), trata-se de prescrições para o comportamento ou a conduta em discussões.

Esse autocontrole consiste em ter muita placidez e brandura no trato com o outro, na medida em que o extremo oposto pode disseminar e atrair o ódio. Na máxima 25, há elementos que subsidiam a reflexão deste parágrafo, a saber:

> Se fores poderoso, inspira respeito pelo conhecimento e pela serenidade no falar. Só ordenes quando necessário, [pois] aquele que afronta cai em apuros. [...] Não sejas soberbo com receio de ser modesto, [mas] não fiques calado com receio de ser modesto, não fiques calado com receio de repreender. Ao responder àquele que está enfurecido, desvia teu rosto, controla-te [pois] a flama do coração quente alastra-se. Mesmo o homem amável, ao ofender, [tem] seu caminho impedido. Quem é carrancudo todo o tempo não tem um momento feliz, [mas] quem é alegre todo o tempo não pode fundar um lar. (Ptahhotep apud Araujo, 2000, p. 254)

Por Ptahhotep ser um funcionário distinto e por ele ficar circunscrito aos círculos mais nobres da sociedade egípcia, em seus escritos fica notório seu pensamento ligado a uma série de características e reflexões destinadas ao controle de si, do outro e, principalmente, do bom uso das palavras — pois, em ocasiões em que se deve proferir uma sentença, o ideal é "só falar quando tiveres certeza de que compreendes. Só o versado deve falar no conselho, pois falar é mais difícil que qualquer ofício, e quem compreende isso abre caminho para si" (Ptahhotep apud Araujo, 2000, p. 253).

Ptahhotep mostrava-se zeloso com o silenciar-se e escutar o outro. Tal característica aparece explicitamente em seus ensinamentos. Podemos dizer que a civilização egípcia preza pelo equilíbrio, e o silêncio é um padrão — e acima de tudo uma virtude — em sua pedagogia. "O silêncio seria uma palavra de ordem em discussões inúteis, quer com os superiores que não podemos influenciar, quer com o inferior que não podemos humilhar" (Carrera, 1994, p. 103). Em qualquer situação de disputa ou contenda, aconselha-se o silêncio. Pratica-se, nesse caso, "um grande domínio de si: calar-se perante um superior (nem sequer lisonjeá-lo), falar corretamente com o igual e (pasme-se!) calar-se diante do inferior, para não o humilhar gratuitamente. Só a boca do filho desobediente é que 'descarrega mau discurso'"[5] (ibidem).

5. Consta da máxima 12 de Ptahhotep.

Ainda em relação ao silêncio, Ptahhotep diz mais. Em instruções aos ministros, aconselha na máxima 24:

> *Se és homem de valor*
> *com assento no conselho do seu senhor,*
> *concentra-te no que é sábio.*
> *O teu silêncio é melhor que a verborreia.*
>
> (Carrera, 1994, p. 104)

Em situações extremas, o ato de falar é algo que requer cautela esmerada, pois "a língua de um homem pode destruí-lo" (Ani apud Jacq, 2000, p. 80). Tal prescrição é um ato de controle de si. Para Ani (apud Jacq, 2000, p. 85), "todo homem pode dominar sua natureza se a sabedoria recebida o tornou firme". Conforme tudo que até aqui foi visto, podemos concluir que o homem que consegue ouvir os ensinamentos e colocá-los em prática torna-se senhor de si — portanto, firme.

A arte da fala e "o bom discurso foi apreciado em todos os tempos. A arte de falar pertence à formação superior. [De modo que] se espera do faraó, do sábio e, obviamente, do funcionário" (Carrera, 1994, p. 104) que estes tenham a palavra mais apropriada à resolução de problemas pertinentes à função que ocupam. Ptahhotep dá-nos um bom exemplo de quando utilizar a palavra na máxima 24, que versa sobre a conduta em um conselho:

> *Fala quando souberes que tens solução.*
> *O dotado é que deveria falar no conselho.*
> *Falar é mais duro que qualquer outro trabalho.*
> *Quem o entende fá-lo servir.*
>
> (Ptahhotep apud Jacq, 2000, p. 104)

E mais:

> Se fores um homem de distinção, que tem assento no conselho de teu senhor, concentra-te em teu coração, teu silêncio é melhor que a tagarelice. Só fales quando tiveres certeza de que compreendes. Só o versado deveria falar no conselho, pois falar é mais difícil que qualquer ofício, e quem compreende isso abre caminho para si. (idem, p. 253)

Na ética do Egito antigo, a figura do silêncio é uma prescrição explícita e fundamental. De acordo com Carrera (1994), o silêncio não implica uma prática passiva e humilhante. Mantê-lo em situações extremas indica contenção e demonstra sobretudo o domínio de si. Pois quem se contém, em geral, tem mais facilidade de dizer o que é necessário e pertinente; além disso, consegue ser mais humilde. Para Carrera (1994, p. 104), os "segredos de Estado exigem naturalmente silêncio e reserva. A educação para o silêncio pareceu necessária para fundar um Estado ordenado (c. 3000 a.C.)".

Sintetizando, as reflexões de Ptahhotep — suas 37 máximas — vêm, de forma exaustiva, recomendar práticas para o bem-viver: o bem falar, o bem calar, o manter-se contido e o não proferir um discurso improfícuo. Segundo Carrera (1994), não encontramos de modo categórico, nas máximas de Ptahhotep, um sistema moral, mas isso em nada avilta ou desmerece suas proposições. O que podemos certamente concluir é que seus ensinamentos tocam em virtudes e preceitos básicos — como moderação, disciplina, amabilidade, discrição, generosidade, humildade, temperança, justiça e a prática da paz. E,

> em terminologia moderna, a instrução em sentido amplo oscilou entre a ética (nos longos períodos de tranquilidade e esplendor), a filosofia política (quando urge restaurar o poder perdido) [...] e a teodiceia (nas épocas de convulsão social). A instrução de caráter moral e individual domina a produção literária (e não só sapiencial) egípcia em volume (quase duas dezenas de obras) e duração (da primeira metade do terceiro milênio às margens do domínio grego). (Carrera, 1994, p. 23)

Em relação ao caráter ético, de acordo com a concepção de Pierre Hadot (2004) a respeito da filosofia antiga cuja meta era determinada maneira de viver, as instruções, em específico as de Ptahhotep, mostravam, direcionavam, prescreviam "'o caminho da vida' sem forçar a entrar por ele; davam conselhos, não leis ou preceitos cuja transgressão implicasse 'pecado' ou processo em tribunal" (Carrera, 1994, p. 23). Assim, podemos dizer que havia uma prática filosófica stricto sensu, ou seja, a prática da busca do conhecimento. Conforme Hadot (2004) explicita ao definir a filosofia ocidental na Antiguidade, e em se tratando de Egito faraônico, tais práticas se assemelham na medida em que os pensadores egípcios

> buscavam conhecimento, mas não o conhecimento abstrato, pois todos queriam, sobretudo, viver e viver felizes. Nos diálogos,[6] como já nos monólogos, se exprimiu o melhor da filosofia existencialista do Oriente pré-clássico. Se o diálogo desemboca num vazio de razão, nem por isso deixará de aparecer retintamente filosófico a mais de um moderno. (Carrera, 1994, p. 25)

Desse modo, podemos explicitamente relacionar a atividade egípcia à filosofia, uma vez que filosofia na Antiguidade era um conjunto de técnicas para uma forma de viver "de bem consigo". Em outros termos, uma vida filosófica guiada pelo autoconhecimento. Ptahhotep convida-nos a compreender as virtudes como ferramentas para essa vida de bem consigo.

Referências bibliográficas

ARAUJO, Emanuel. *Escrito para a eternidade*: literatura no antigo Egito faraônico. Brasília: Universidade de Brasília; São Paulo: Imprensa Oficial do Estado, 2000.

ASANTE, Molefi Kete. *The Egyptian philosophers*: Ancient African voices from Imhotep to Akhenaten. Chicago: Images, 2000.

CARRERA, José Nunes. *Filosofia antes dos gregos*. Mem Martins: Europa-América, 1994.

DIOP, Cheikh Anta. *The African origin of civilization*: myth or reality?. Westport: Lawrence Hill, 1974.

EPICTETO. *A arte de viver*. Rio de Janeiro: Sextante, 2006.

HADOT, Pierre. *O que é a filosofia antiga?*. 2. ed. São Paulo: Loyola, 2004.

JACQ, Christian. *A sabedoria viva do antigo Egito*. 2. ed. Rio de Janeiro: Bertrand Brasil, 2000.

JAMES, George G. M. *Stolen legacy*: Greek philosophy is stolen Egyptian philosophy. Nova York: Khalifah's, 2005.

6. De acordo com José Nunes Carrera (1994, p. 25), "o diálogo não é parente pobre nas literaturas sapienciais pré-clássicas. Está bem representado na Mesopotâmia (*Diálogos do pessimismo*, *Teodiceia babilônica*) no Egito (*Diálogo do casado da vida com o seu ba*, *Instrução de Anii*) e em Israel (*Livro de Jó*). É uma forma essencialmente racional, filosófica [...]".

NOGUERA. Renato. *O ensino de filosofia e a Lei 10.639*. Rio de Janeiro: Ceap, 2011.

OBENGA, Théophile, "Egypt: ancient history of African philosophy". In: WIREDU, Kwasi, *Companion African to philosophy*. Massachusetts: Blackwell, 2004, p. 31-45.

OLIVEIRA, Eduardo David de. *Cosmovisão africana no Brasil*: elementos para uma filosofia afrodescendente. Curitiba: Gráfica Popular, 2006.

PIVA, Paulo Jonas de Lima. *Pedantismo*: doença infantil do estudante de filosofia. Filosofia: ciência & vida, São Paulo, n. 14, 2007, p. 74-7.

As máximas de Ptahhotep. *Nova Acrópole Blog*. Disponível em: https://nova-acropole.org.br/blog/as-maximas-de-ptahotep/. Acesso em: 25 ago. 2021.

2. O Ocidente mente — uma mente por detrás do Ocidente — a "ciência"

Dagoberto José Fonseca

Sendo a África o berço comum de toda a humanidade, de todo *Homo sapiens sapiens*, torna-se inquestionável que a identidade de todo ser humano é afrodescendente (Coppens, 1983). Dessa maneira, não há nenhuma base nas teorias raciais firmadas no século XIX, prósperas até o presente, que supõem a existência de raças superiores e inferiores, desconsiderando que somos uma mesma e só espécie — a humana, a afrodescendente, podemos dizer a do *Homo sapiens sapiens africanus*.

Atualmente, está claro que essas teorias esdrúxulas e essa anticiência, antes ainda teologias e filosofias criadas na Europa Ocidental, são produtos sociais que criaram concomitantemente os racismos e suas violências — que, por sua vez, sustentaram a Conferência de Berlim, ocorrida entre novembro de 1884 e fevereiro de 1885. Essa conferência teve por objetivo fracionar, política, econômica e culturalmente, o imenso território do continente africano para a exploração, a expropriação e a extração de riquezas da fauna, da flora e dos recursos humanos, denominadas simplesmente matérias-primas.

Com isso, fica nítido que as teorias evolucionistas, o darwinismo social e a eugenia, da segunda metade do século XIX e primeira metade do século XX, eram falsas teses, mentiras científicas, pois apenas visavam servir às necessidades ideológicas da época, e até mesmo às do período anterior, a fim de legitimar os escravismos, os colonialismos, os imperialismos e as violências produzidas pela Europa Ocidental que atingiram os continentes africano, americano, asiático e oceânico em grande parte do século XX — culminando inclusive nas três grandes guerras, as duas primeiras "quentes" e a terceira "fria", somente no hemisfério Norte.

A denominada "guerra fria" foi quentíssima sobretudo nos países africanos e nos da América Latina e da Ásia, gerando a morte de suas populações e de suas lideranças políticas, populares e progressistas, que lutavam por autonomia cultural, soberania popular, autodeterminação histórica, emancipação econômica e independência política.

É importante lembrarmos que as nações e os impérios considerados potências somente o foram (e continuam a sê-lo) muito em função de sua capacidade bélica, mas especialmente em função de sua competência, seu acúmulo e sua difusão científica. Assim, fica claro que isso derivou de seu poder de produzir, acumular, sistematizar e sintetizar conhecimentos em todas as áreas, e também de destruir possíveis nações autônomas.

A partir do século XVIII, França e Inglaterra consolidaram-se como nações hegemônicas justamente por monopolizar e investir no conhecimento científico e tecnológico, inclusive o bélico. Isso lhes permitiu impor, de dentro de suas fronteiras, as revoluções industrial e burguesa — que atingiram também todas as nações e todos os territórios e províncias ultramar, protetorados e colônias ao redor do mundo que faziam parte de suas áreas de influência. Desse modo, inúmeros povos foram apequenados, subjugados e subdesenvolvidos, especialmente na América Latina (Galeano, 1971) e na África (Rodney, 1975).

As ciências humanas e sociais, bem como as da natureza e da saúde, serviram, na Europa Ocidental, de alicerce e cimento para a concretização de uma lógica que submetia povos e etnias que não comungavam daquela realidade cultural, psíquica e social à invisibilidade, ao silenciamento, ao extermínio e ao apagamento — isto é, à morte física e/ou simbólica. Elas produziram arcabouços e modelos teórico-metodológicos, categorias, conceitos e parâmetros epistêmicos para conhecer outras culturas e civilizações, especialmente suas maneiras de ser, de estar, de ter e de viver do ponto de vista material e imaterial, em particular no continente africano.

Inicialmente, o contato com os demais grupos humanos, etnias e povos se dava com candura diplomática e trocas de presentes entre comensais, como bem o fez Vasco da Gama nas terras da Índia (Camões, 1980; Fernández-Armesto, 2009; 2017) e Cabral nas terras do Brasil (Arroyo, 1976). Mas rapidamente esse contato irrompia em violência sistêmica a fim de atender às necessidades do sistema mercantilista, e depois capitalista, com recursos materiais e humanos a fim de ampliar seus mercados consumidores e seus lucros. Mas, aparentemente como corolário desse movimento, o que também se fez foi aumentar a desigualdade por intermédio da criação dos diferentes, dos opositores e degredados, dos marginalizados — nunca naturais, sempre sociais e políticos.

Helenismo, narcisismo e vampirismo:[1] o opaco mundo da ciência brancocêntrica

O diferente, o opositor, o degredado e o marginalizado são construtos sociais e científicos que se impõem como realidades, já que são eleitos como tal — não por si mesmos, mas por outros que detêm o poder de colocá-los nessa condição social, cultural, psíquica e política. O mais revelador desse processo é a busca de marcadores de distinção que levam ao afastamento, ao apagamento e à invisibilidade em vida dos sujeitos submetidos a essa condição vexatória e prisional, na medida em que se retira deles o poder de ser, de estar, de ter, de viver, de continuar em uma comunidade de prestígio e com um sentimento de pertença valorizado. Eles são deslocados compulsoriamente por uma força maior, violenta e sistêmica, do centro para a margem do sistema hegemônico.

Posição análoga a essa teve, por um longo tempo, o escravizado no bojo das ciências sociais de matriz eurocêntrica, justamente por serem construções teóricas de pensamento e de investigação pautadas em uma visão temporal, filiadas — ainda que por vezes de maneira disruptiva — ao direito natural e às ciências da natureza, como se estivéssemos em um laboratório e pudéssemos congelar as relações vividas em sociedade.

Até mesmo as contribuições mais progressistas dessas áreas do conhecimento, como as dos marxistas, deixaram de referenciar e de transformar, na sua produção calcada no materialismo histórico-dialético, o outrora escravo conceitual em escravizado. Não por esquecimento, mas pela orientação teórica

1. O subtítulo faz alusão à obra de Cardoso (2020), mas não elabora um diálogo direto com ela. No entanto, abre novas vertentes epistêmicas.

e filosófica oriunda da visão hegeliana (Hegel, 1999) e de seus influenciadores. Tal orientação não via o negro, o africano, como um sujeito histórico tal qual o proletário, destituído violentamente de sua prole, nem como o dono de sua força de trabalho, que fora também subtraída dele pelo açoite contumaz e cotidiano. O proletário era visto como um ser humano (Moore, 2010), e não como um escravo, uma máquina, uma peça, um objeto semovente ou um animal de tração no campo ou na cama.

Marx e Engels fixaram o olhar na burguesia ascendente, na nobreza decadente, no proletário fabril e britânico, no branco e racional, invisibilizando e amordaçando, ao lado de outros cientistas europeus, os gritos, as lutas e a existência de milhões de africanos e de indígenas — populações concebidas pelas ciências dos séculos XVIII e XIX como selvagens, inferiores na linha evolutiva. Seres esses que estavam fora da história e foram postos à margem. Tais pensadores preferiram, inclusive, olhar para o outro lado, o modo de produção asiático (Marx e Engels, 1969).

As ciências eurocêntricas, oriundas da Europa Ocidental — denominadas aqui também de brancocêntricas —,[2] têm um legado vinculado à conquista de territórios além de suas fronteiras continentais. Elas são reféns e algozes de um passado concebido como de glória épica, de grande e eterna epopeia, de brilho. Ainda hoje creditam a Alexandre, o grande imperador, seu complexo filosófico helenístico, sobretudo o oriundo da racionalidade platônica e aristotélica.

No entanto, essas ciências brancocêntricas não consideram que esse processo se deu como substrato de uma cultura da morte física, do saque cultural, do furto tecnológico, e, ainda, da violência psíquica imposta a diversos grupos humanos da Europa, da África e da Ásia, regiões continentais que posteriormente foram vitimadas pelo vasto império de Roma, do Ocidente ao Oriente. Não há glória nem honra nos extermínios civilizacionais cometidos por militares, filósofos e cientistas ao longo de milênios da filosofia helenística, pois submeter o não cidadão, o escravizado, o humilhado, o marginalizado, o diferente ao ostracismo, ao degredo, também é uma forma de morte, na medida em que lança sobre ele a invisibilidade social e humana.

2. Vale salientar que as ciências brancocêntricas aqui mencionadas não fazem menção direta aos estudos e/ou conceitos associados à branquitude.

Parece uma afirmação forte sobre o papel desempenhado pela ciência e pela filosofia brancocêntricas. No entanto, é um fato, pois estas se constituíram como uma forma de pensar, de refletir e de se impor sobre o mundo dos iguais, mas sobretudo dos diferentes, a partir de seu ensimesmamento congênito tão bem explicitado no mito de Narciso. Não se trata apenas de ignorar veementemente a beleza das outras pessoas; o mito reflete a vaidade exacerbada, o excesso de amor-próprio e a falta de empatia pelos diferentes (Ovídio, 2017).

O helenismo e o narcisismo intelectual, filosófico e científico estiveram presentes em toda a história das ciências europeias, o que implicou não reconhecer como de igual valor as produzidas fora de seu campo social, político, econômico, psíquico e cultural. Estas deveriam ser aniquiladas, escamoteadas, esquecidas, apagadas, queimadas — como ocorreu com a Biblioteca de Alexandria. Também podemos usar a bela metáfora e denúncia de Umberto Eco em *O nome da Rosa* (1980), quando aborda a ala das obras africanas do monastério que está sendo incendiada, mas sobretudo quando trata do suposto livro proibido escrito por Aristóteles (seu segundo livro da *Poética*), que estava na ala da biblioteca do mosteiro denominada *Finis Africae*. Nesse livro se "atribui a criação do mundo ao riso divino" (Eco, 1980, p. 481), sendo uma "obra egípcia do terceiro século de nossa era" (ibidem). Ou seja, o personagem do "beneditino abade Abbone, criado por Umberto Eco em *O nome da Rosa* (1980), [era] um assassino que impunha uma única verdade a todos, o contrário era a morte" (Fonseca, 2018, p. 19).

Os homens das letras, da filosofia e da teologia medieval tridentinas corroboraram a constituição de um imaginário negativo referente aos africanos, como mostra Eco. Essa realidade está em obras clássicas de Shakespeare como *Otelo, o mouro de Veneza*, escrita em 1603, e *A tempestade*, de 1623.

Nessas duas obras do autor inglês se constrói um imaginário sobre a África a partir de um olhar ocidental de superioridade, profundamente preconceituoso. Elas apresentam a deformidade de caráter, o descontrole das emoções e a deficiência moral, deficiência também existente no corpo de um e de outro, isto é, de Otelo e de Calibã.

Encontramos esse mesmo tipo de pensamento na obra clássica de Luís Vaz de Camões — *Os lusíadas*, publicada em 1572 —, que menciona a existência de um gigante, Adamastor, que tinha características fenotípicas africanas.

Não acabava quando uma figura
Se nos mostra no ar robusta e válida
De disforme e grandíssima estatura;
O ***rosto carregado****, a* ***barba esquálida****,*
Os ***olhos encovados****, e a* ***postura***
Medonha e má e a cor terrena e pálida;
Cheos de terra e crespos os cabelos,
A boca negra,[3] *os dentes amarelos.*
(Camões, *Canto V*, estrofe 39, 1980, p. 338, grifo nosso)

Segundo Camões, o gigante Adamastor, o Rodes africano, se situava nas águas do Atlântico sul que banham as costas africana e americana, mais exatamente no Cabo das Tormentas, atual Cabo da Boa Esperança, passagem entre o oceano Atlântico e o Índico. Adam Hochschild (1999) corrobora essa construção do imaginário do medo e dos perigos a fim de traçar o perfil de preconceito que existia acerca da costa ocidental atlântica do continente africano.

> Na imaginação medieval, essa era uma região de terrores indizíveis [...] onde os céus jorram lâminas de fogo e água ferve [...] onde rochas de serpentes e ilhas de ogros espreitam a chegada do marujo, onde a mão gigantesca de Satã se estende das profundezas insondáveis para agarrar os incautos, onde a pessoa se torna negra de rosto e de corpo, como marca da vingança de Deus pela insolência de tentar desvendar-Lhe os mistérios proibidos. E, ainda que conseguisse sobreviver a todos esses perigos tremendos e navegar adiante, o explorador chegaria então ao Mar da Obscuridade, e se veria perdido para sempre nos vapores e no limbo da beirada do mundo. (Hochschild, 1999, p. 15)

Leituras do medo e do exótico, referentes aos outros, são um construto sociocultural dos letrados brancocêntricos e também aparecem na famosa carta de Pero Vaz de Caminha, escrita em 1500, quando ele retrata a população

---

3. Sinalizamos em negrito as características fenotípicas da população africana descritas por Camões, incluindo sua indução preconceituosa ao afirmar "rosto carregado, olhos encovados, postura medonha e má".

nativa, em particular as indígenas da etnia pataxó, segundo sua visão eurocentrada, cristã e machista. Eis o que escreve Caminha, segundo Arroyo (1976):

> Ali andavam entre eles três ou quatro moças, bem novinhas e gentis, com cabelos muito pretos e compridos pelas costas; e suas vergonhas, tão altas e cerradinhas e tão limpas das cabeleiras [...] E uma daquelas moças era toda tingida de baixo a cima, daquela tintura e certo era tão bem feita e tão redonda, e sua vergonha (que ela não tinha!) tão graciosa que a muitas mulheres de nossa terra, vendo-lhe tais feições envergonhara, por não terem as suas como ela. (Arroyo, 1976, p. 49-50)

Nesse e em outros contextos, a concepção brancocêntrica está ancorada em uma perspectiva fundamentalmente moral de base cristã, como também se verifica no imaginário anti-África presente na Europa. Isso já estava inscrito nas aventuras e desventuras sexuais de santo Agostinho em suas *Confissões* (1998), escritas no século V, e sugerido na obra de Jostein Gaarder intitulada *Vita brevis* (1998), ao abordar as relações amorosas de Aurélio Agostinho com sua companheira, Flória Emília.

Se ficarmos nos reportando ao tempo em que esse imaginário ocidental e branco sobre a África e os africanos foi construído e consolidado, voltaremos irremediavelmente a tempos imemoriais, tanto que a própria Bíblia está repleta de preconceitos em diversas passagens do Antigo e do Novo Testamento, desde o Gênesis (9: 19-27), com a maldição de Noé sobre seu filho, Cam.[4]

A dominação e o conhecimento africano — sobretudo do império do Kemet (egípcio) dos tempos dos faraós ao cativeiro hebreu — marcaram profundamente a visão que a população branca e majoritariamente cristã da Europa construiu sobre a África, ou seja, a do imaginário do medo permeado pelo rancor judeu e pelo revanchismo helênico.

A ciência iluminista euro-ocidental, no afã de ser racional, apenas se fechou ainda mais, e o fez de maneira tosca, rude e imprudente, associada

4. A Bíblia refere-se ao Egito, no Norte da África, como "as tendas de Cam", "descendentes de Cam" e "a terra de Cam" (Salmos 78:51, 105:23-7, 106:22; e Crônicas 1, 4:40). [N. E.]

que estava ao tráfico de pessoas — os escravismos — e à expropriação territorial violenta de regiões alheias, denominada épica e eufemisticamente de colonialismos e de imperialismos. A ciência racionalista do século XIX perdeu a visão do todo apenas para ficar com a parte lucrativa, segundo os apetites capitalistas de produzir mais e de maneira alienada. Com isso, a realidade perdeu de fato na Europa a visão da multiplicidade, da pluralidade, das multifaces do real social.

O conhecimento científico foi tão enquadrado que perdeu o encanto (Weber, 1982; Pierucci, 1998; 2003) e a inventividade, tornou-se burocracia administrativa (Bourdieu, 2011; Bourdieu e Passeron, 2009), chegou à escola e atingiu a infância, a adolescência e a juventude — que se fez adulta e velha sem ter sido criança. Esse é o legado de Descartes, Comte e Durkheim, por exemplo, nessa educação das crias que se "desenvolvem" sem ludicidade; são como suas ciências: opacas. Indubitavelmente essa é a mais terrível das denúncias que Edgar Morin (1995; 1998) elabora acerca do intelectual que foi difundido pela Europa, em especial pela França, e foi despejado em várias nações do globo, quando diz:

> Ser intelectual e fazer parte dos intelectuais são duas coisas que simultaneamente se identificam e [se] opõem. Há um determinismo de coletividade; assim, os gafanhotos isolados são insetos amáveis, cada um devotado aos seus pequenos assuntos, tendo cada um o seu comportamento. Mas, a partir de uma certa densidade, de resto demasiado fraca, tornam-se uma turba onde as individualidades desaparecem, perdem a sua cor esverdeada em troca de um uniforme padronizado amarelo-acinzentado, adquirem um comportamento estereotipado e transformam-se em impiedosos devoradores, destruindo tudo que for obstáculo ao seu frenesim. Da mesma forma, os intelectuais são, isoladamente, simpáticos indivíduos, cada um dedicado à sua obra, mas a sua reunião em sociedade faz deles monstros. (Morin, 1995, p. 179)

Não à toa se faz de maneira constante a apologia à memória de figuras como Leonardo da Vinci, que se fez múltiplo e variado como o *Frankenstein* de Mary Shelley (2019). Ambientados nas tramas socioculturais e na atmosfera da alquimia medieval, juntaram conhecimentos paradigmáticos e rejuntaram pedaços epistêmicos, sotaques cognitivos, saberes totalizantes, cósmicos, holísticos, cheios de uma muntuidade[5] (Jahn, 1970) que a Europa nunca se deu ao direito de conhecer e sentir — especialmente porque, ao dar centralidade ao homem, a modernidade euro-ocidental também desumanizou Deus, retirando--Lhe sua deidade. Colocou-O em sua racionalidade teológica, científica, sem mistérios, sem empatia, sem solidariedade e sem fraternidade.

O helenismo e o narcisismo euro-ocidental moderno e racional continuaram sua saga escravista, conquistadora, brancocêntrica em pleno século XIX e espraiaram-se para os séculos seguintes, trazendo seu mais profundo vampirismo na literatura oitocentista que sabotou a África na mais moderna propaganda sobre o continente africano. Eles produziram cenários idílicos e repletos de perigos, mortes e mistérios, sobretudo em função do domínio britânico de vastas porções territoriais nesse enorme continente.

Escritores e conquistadores como Henri Rider Haggard, que escreveu *As minas do Rei Salomão* (1885) e *Ela* (1887), se inspiraram nas aventuras na selva e na busca de tesouros de reinos africanos; e, no início do século XX (1902), Joseph Conrad narrou em *Coração das trevas* (2008) a aventura de Charlie Marlow pelas selvas africanas a fim de resgatar Kurtz, um violento comprador de marfim. Segundo Alencastro (2008), este conto trata da violência conquistadora empreendida por europeus (belgas) na busca de riquezas (marfim e borracha) no Congo do rei Leopoldo II, e obras como essa se inserem nos contextos filosóficos e políticos do final do século XIX.

> O abolicionismo e a bandeira da "civilização contra a barbárie" serviram também para legitimar a intervenção militar, a ocupação e a colonização em largos territórios africanos. Na Conferência Geográfica de Bruxelas de 1876, que Leopoldo II organizara para articular a campanha diplomática e financeira que lhe daria a posse do futuro Estado Livre do Congo, o rei da Bélgica declara: "Abrir à civilização a única parte do Globo onde ela ainda não penetrou, transpassar as trevas que envolvem populações inteiras, constitui,

5. Muntuidade é um conceito vinculado ao muntu (pessoa, na língua dos povos bantus), que se assenta na articulação íntima, indissociável entre a pessoa vivente, a comunidade existente, os antepassados presentes e o devir que está na vida de cada pessoa. De modo que, na concepção e no valor civilizatório bantu, há uma absoluta integração entre pessoa, comunidade e os que estão no mundo invisível e imaterial do sagrado.

ouso dizer, uma cruzada digna deste século de progresso". (Alencastro, 2008, p. 169-70)

Em uma única frase oitocentista, os livros acima denunciam que o "fardo do homem branco"[6] na África foi uma falácia, pois nos conta de maneira assustadora, mas com bastante lucidez, a ideologia europeia do final do século XIX, especialmente durante e após a Conferência de Berlim. Baseados que estavam no mais puro e antigo racismo — travestido de ciência e liberalismo econômico-político —, visavam expropriar e explorar ao máximo possível as riquezas africanas presentes no solo e no subsolo, sempre fundados na concepção de que a violência empreendida contra homens e mulheres africanas não era crime de lesa-humanidade,[7] mas uma espécie de redenção.

Esses livros têm a nítida intenção de introduzir no imaginário europeu os esforços empreendidos pelas nações desenvolvidas da Europa para levar o progresso, o desenvolvimento e a civilização branca e cristã para homens e mulheres que vivem em períodos étnicos mais atrasados, como diriam os teóricos evolucionistas do século XIX. Desse ponto de vista, o diálogo entre as ciências sociais e a literatura oitocentista objetiva instaurar a lógica evolutiva e fundamentar as teses da ciência racial do período, isto é, o racismo científico.

Essa mesma literatura traz também ao imaginário ocidental obras cinematográficas do início do século XX, a exemplo de *King Kong* e *Cleópatra*, para tratar de duas realidades distintas, mas vinculadas pelo traço da superioridade da civilização kemética (egípcia), situada no Norte da África, e da inferioridade e

6. A expressão "fardo do homem branco" foi cunhada pelo poeta britânico Rudyard Kipling em poema homônimo. Ali ele justificava o imperialismo como uma necessidade de salvar os povos colonizados da barbárie, uma vez que estariam em períodos étnicos ou estágios de desenvolvimento muito aquém da civilização. Assim, o "fardo do homem branco" era o de trazer pela mão os selvagens e bárbaros à civilização, mediados pelo trabalho, pela disciplina e pela obediência.

7. O colonialismo, o escravismo, o tráfico escravista e o racismo só foram considerados crimes de lesa-humanidade pela Organização das Nações Unidas em 2001, após a resolução da III Conferência Mundial contra Racismo, Discriminação Racial, Xenofobia e Intolerância Correlata (também conhecida como Conferência de Durban). No documento da Declaração e Plano de Ação, registra sua 13ª Questão Geral quanto às "origens, causas, formas e manifestações contemporâneas de racismo, discriminação racial, xenofobia e intolerância correlata". Disponível em: http://www.unfpa.org.br/Arquivos/declaracao_durban.pdf. Acesso em: 2 set. 2022.

da selvageria que portam os homens e as sociedades situadas na África Austral, particularmente no Congo. Remetem-nos, portanto, para o olhar "científico e antropológico" de que quanto mais próximos da Europa, inclusive geograficamente, mais desenvolvidos são os africanos, assim como o inverso é verdadeiro, posto que os do sul do continente ainda estão em um período étnico selvagem que se mistura com a Era Jurássica, como é o caso de *King Kong*.

No final do século XIX, inúmeros aventureiros informavam a população europeia sobre seus feitos e descobertas fantásticas na África. Tanto que Paul Belloni Du Chailu, ao dizer a plateias imensas em Paris e Londres que gorilas "grandes e peludos raptavam e levavam mulheres para seus covis com objetivos demasiadamente vis para serem comentados" (Hochschild, 1999, p. 37), embasa o argumento para a elaboração do roteiro e a posterior filmagem de *King Kong*, o enorme macaco da Era Jurássica que recebe como sacrifício mulheres nativas, mas que no filme rapta uma mulher branca, se apaixona e morre.

Dessa forma, o imaginário de King Kong — o rei do Kôngo (ManiKongo), um macaco imenso (gorila) que recebia diversas mulheres nativas em decorrência de sua posição social — foi construído visando aludir também à poligamia e à sodomia existentes nessa região do continente africano, práticas igualmente empreendidas no Norte da África pelo islamismo, quando se introduz a figura do harém do sultão. Demonstrava-se assim o atraso social e cultural dessas civilizações em relação à monogamia existente nas nações desenvolvidas, civilizadas e cristãs da Europa.

No mesmo período, entre o fim do século XIX e as primeiras décadas do século XX, no contexto do denominado colonialismo europeu e do liberalismo político-econômico, verifica-se não somente na literatura, mas também nas demais artes, uma apropriação da cultura africana. Fato que se deu de maneira concomitante no Brasil e em outros países, como o fizeram Picasso (Espanha), Matisse (França), Brancusi (Romênia), Modigliani (Itália). O mesmo ocorreu com a música, como se fez no rock, no tango e na bossa nova, retirando da cor negra vivacidade para torná-la branca e opaca. No Brasil, o samba migrou do morro para o asfalto, e dali se alojou nos apartamentos e virou bossa nova. O tango saiu das periferias negras portenhas e foi para os salões encantar turistas brancos endinheirados em plena Buenos Aires. O rock viveu o mesmo problema da macabra vampiragem realizada pela indústria cultural. Esta não poupou nada nem ninguém: sugou a alma e o sangue das culturas negras do blues, do jazz e do gospel, ou seja, do sotaque, da malemolência, da transgressão corpórea e da ginga da e na língua afro-inglesa cantada nos guetos e nas igrejas cristãs protestantes. Hoje, essa cultura ocupa as ruas, as favelas e os cortiços, nos centros, nas vielas, nas periferias e nos subúrbios, em movimentos do rap e do funk, por exemplo.

Da virada do século XIX até o presente momento, a conjuntura e a estrutura sociopolíticas estiveram ligadas às apropriações realizadas pela indústria cultural de diferentes matizes e fontes, tendo seus agentes e mecenas se espalhado por diversas regiões do globo, transformando realidades, destruindo paisagens, corrompendo pessoas, se apropriando de bens culturais e rebaixando seus valores civilizatórios justamente com o ímpeto de se impor como forças do império, ou melhor, dos impérios. Nesse particular, Edward Said (2005, p. 38), ao dialogar conosco, informa:

> No centro dessas percepções está algo que poucos questionam, a saber, que no século XIX um poderio sem precedentes — em comparação a ele, o poder de Roma, Espanha, Bagdá ou Constantinopla era muito menor — estava concentrado na Grã-Bretanha e na França, e depois em outros países ocidentais (sobretudo os Estados Unidos). Esse século foi o apogeu da "ascensão do Ocidente", e o poderio ocidental possibilitou aos centros metropolitanos imperiais a aquisição e acumulação de territórios e súditos a uma escala verdadeiramente assombrosa. Considere-se que, em 1800, as potências ocidentais reivindicavam 55%, mas na verdade detinham 35% da superfície do Globo, e em 1878 essa proporção atingiu 67%, numa taxa de crescimento de cerca de 220 mil quilômetros quadrados por ano. Em 1914, a taxa anual havia subido para vertiginosos 620 mil quilômetros quadrados, e a Europa detinha um total aproximado de 85% do mundo, na forma de colônias, protetorados, dependências, domínios e "commonwealths". Nunca existiu em toda a história um conjunto de colônias tão grande, sob domínio tão completo, com um poder tão desigual em relação às metrópoles ocidentais. Em decorrência disso, afirma William McNeill em *The pursuit of power* [A busca de poder], "como nunca antes, o mundo foi unificado num só conjunto de interações".

Desse modo, o ocidente europeu visou escrever e reescrever sua história, bem como impor, via assimilação dos outros, seu *modus operandi*, de vida e seu *ethos* cultural. Isto é, mantiveram desde a Idade Média sua estratégia de ser, de estar, de ter o tempo material e simbólico de si e dos outros, o que objetivamente fez que distorcessem, deturpassem e tornassem exóticos e perigosos os não ocidentais — melhor dizendo, os não brancos, como vimos em páginas anteriores.

Vários autores e estudiosos de diferentes áreas das ciências humanas e sociais, especialmente após a Segunda Guerra Mundial (1939-1945), têm denunciado esse estratagema político-cultural produzido pela ideologia sistêmica e demonstrado que a ciência brancocêntrica não é neutra. Sabe-se que há um nítido interesse de se manter a lógica antiga e frequente calcada no helenismo, no narcisismo e no vampirismo de então, mas que vem sendo atualizada no presente. Said (1996) também corrobora com essa denúncia acerca da mentira transformada em ciência, como construto social, quando se refere ao Oriente em diversas passagens:

> A intimidade entre a política e o orientalismo, ou, para falar mais circunspectamente, a grande probabilidade de que as ideias sobre o Oriente originárias do orientalismo tenham uma utilização política, é uma verdade importante e, contudo, extremamente sensível. Ela coloca questões sobre a predisposição à inocência ou à culpa, desinteresse erudito ou cumplicidade de grupos de pressão em campos como os estudos de negros ou de mulheres. Ela provoca, necessariamente, inquietação na nossa consciência sobre as generalizações culturais, raciais ou históricas, os seus usos, valor de objetividade e intenção fundamental. Mais que qualquer outra coisa, as circunstâncias políticas e culturais em que floresceu o orientalismo ocidental atraem a atenção para a posição envilecida em que se encontra o Oriente ou o oriental como objeto de estudo. (p. 105-6)

Ao citar Anwar Abdel Malek, Said (1996) ressalta essa política na ciência que inventou o orientalismo e produziu o escravista e o escravizado:

> [No] plano da posição do problema e da problemática [...], o Oriente e os orientais [são considerados pelo orientalismo] um "objeto" de estudo, carimbados com uma diferença — como tudo que é diferente, seja "sujeito" ou "objeto" — mas uma diferença constitutiva, um caráter essencialista. [...] no plano da temáti-

> ca, [os orientalistas] adotam uma concepção essencialista dos países, nações e povos do Oriente que estão sendo estudados, uma concepção que se expressa por meio de uma tipologia étnica caracterizada [...] e logo a conduzem em direção ao racismo. (idem, p. 106)

O que se verifica tanto no continente africano como no asiático, ou no denominado Oriente pelos orientalistas, é que a base teórica e científica é a mesma, pois se adotou uma genealogia intelectual oficial que pautou os racismos, como nos atesta Said (1996, p. 108) ao citar "Gobineau, Renan, Humboldt, Steinthal, Burnouf, Remusat, Palmer, Weil, Dozi e Muir, para mencionar alguns dos nomes famosos, quase ao acaso, do século XIX [...] [posto que] o mito ariano dominou a antropologia histórica e cultural à custa dos povos 'menores'".[8]

Foi no bojo desse processo que, nas primeiras décadas do século XX, a antropologia britânica realizou trabalhos de campo nos territórios africanos conquistados após a Conferência de Berlim. Um exemplo desse trabalho científico é *Os nuer*, de Evans-Pritchard (1978), e o de Radcliffe-Brown quando escreveu *Estrutura e função na sociedade primitiva* (1973).

A França foi outra nação que de maneira sistemática realizou expedições e missões no continente africano a fim de conhecer e consolidar seus territórios conquistados. Vale salientar que a missão à qual Leiris[9] estava vinculado, segundo Peixoto (2007), tinha como finalidade registrar línguas, costumes, imagens, rituais, músicas, elementos de cultura material etc. com o objetivo de ajudarem a compor o Museu do Homem na França.

No entanto, foi somente na segunda metade do século XX que as ciências sociais, com base no livro de Georges Balandier — *Sociologia atual da África negra* (1950) —, passaram a usar o termo "colonial" para operar uma visão diferenciada daquela conduzida por franceses, ingleses e pela antropologia cultural estadunidense. Segundo Balandier (1950, p. 33), a situação colonial é

8. Segundo Said (1996), os povos "menores" eram aqueles que não tinham poder político, econômico e militar no jogo de forças internacional do período, isto é, nos séculos XIX e XX.

9. LEIRIS, Michel. *A África fantasma*. São Paulo: Cosac Naify, 2007.

> a dominação imposta por uma minoria estrangeira, racial e culturalmente diferente, apelando a uma superioridade racial (ou étnica) e cultural dogmaticamente afirmadas, sobre uma maioria autóctone materialmente inferior; o confrontar de civilizações heterogêneas: uma civilização industrializada, com uma economia poderosa, com um ritmo rápido e de origem cristã impondo-se a civilizações sem técnicas complexas, de economia retardada, com um ritmo lento e radicalmente não cristãs; o antagonismo nas relações estabelecidas entre as duas sociedades que se justifica pela instrumentação a que é condenada a sociedade dominada; a necessidade, para manter a dominação, em recorrer não apenas à força mas também a um conjunto de pseudojustificações e de comportamentos estereotipados.

A situação colonial e o próprio sistema do colonialismo, eufemismo para usurpação ou conquista, se estruturaram, para Balandier, como uma totalidade, não como um conjunto de acontecimentos e manifestações governamentais, estatais e científicas isolados que ocorriam em função do poder britânico, francês, belga, português, alemão, italiano e espanhol nas diversas partes do continente africano, configurando um processo único, exclusivo do acúmulo de experiência de cada uma dessas nações conquistadoras. É certo que o colonialismo, assim denominado e tornado palatável como sistema organizado na África, deu-se após a Conferência de Berlim e se manteve, a despeito dos movimentos de independência, bem estruturado até o início da década de 1960. Aliás, permanece de maneira subliminar até hoje em diversas nações africanas, mesmo com a aura independentista que líderes e partidos situacionistas difundem ideologicamente para o mundo.

Os imperialismos impetrados pela Europa Ocidental no continente africano e fora dele aprofundaram uma visão distorcida da realidade social e cultural de povos, nações, civilizações, culturas e etnias, especialmente após a Revolução Industrial inglesa e a constituição da burguesia francesa como detentora da hegemonia política e cultural. Nos séculos XVIII, XIX e XX, nas academias de letras e de ciências humanas e sociais, essa classe se transformou em agência produtora e difusora do pensamento único e de uma história que só tem uma autoria e uma voz, tornando-se portadora e gestora do monopólio do conhecimento científico e tecnológico global.

A ciência brancocêntrica tem uma concepção euro-ocidental de produzir e de se autorreproduzir a partir de um mundo hipoteticamente sem resistências

— mas isso nunca significou colonização, apenas e tão somente conquista e/ou invasão, imposta pelo medo, pela força, pela violência, pelo poderio da cultura tanatocêntrica transplantada de seu narcisismo patológico, de seu vampirismo bestial, canibal e burguês.

Assim, querer cunhar áreas nobres das ciências humanas e sociais com axiomas que nublam a realidade societária e a inteligência mediana dos povos ao se autocategorizar como de vertente pós-colonial, decolonial, descolonizadora ou outras nomenclaturas neoepistêmicas no momento final do século XX e início do século XXI, propondo-se a ser e a ter como base paradigmática a mudança ou a liberdade cognitiva, soa mais como um novo eufemismo, um verniz ao já opaco cenário político, científico e acadêmico. Trata-se de uma falsa questão — como diria Balandier em *O poder em cena* (1982), ou Ki-Zerbo em *Para quando a África?* (2006) —, pois não se parte de um princípio que reconhece a violência escravista e os demais crimes de lesa-humanidade como crimes cometidos individual e coletivamente contra pessoas, povos, nações, etnias, culturas, mas sim como um processo de expansão ultramarina das sociedades brancocêntricas europeias e neoeuropeias (Estados Unidos e Rússia), todas imperialistas (narcísicas, helenísticas, vampirescas) e tanatocêntricas.

É importante deixar claro que não houve colonização — e como poderia haver, se as sociedades africanas e as demais invadidas na Ásia, na América e na Oceania foram tornadas meros celeiros de matérias-primas, de peças, de mercadorias? É um insulto à inteligência, pois as únicas pessoas que visitaram essas regiões do mundo eram militares, mercenários e missionários. Pouquíssimas mulheres europeias pisaram nessas regiões; quando o fizeram, ficaram na condição de mulheres intocadas, segregadas, inatingíveis.

Não há colonização quando a relação que se constrói é a do mando arbitrário e violento e da disciplina ligada à produção mecânica, ambas voltadas ao trabalho e aos interesses alheios à cultura local. Estamos diante de uma ideologia que foi chamada de colonialismo a fim de escamotear seus reais interesses. O discurso eufemístico era o de levar "civilidade" aos grupos "selvagens e bárbaros", em uma missão salvacionista cristã, branca, pura, sem mácula. Tal discurso era justificado pelo "fardo do homem branco", especialmente porque os "selvagens e bárbaros" foram inventados pela ciência e pelas agências científicas brancocêntricas, e os civilizados também foram inventados por elas.

Ora, se não houve a propalada colonização, apenas a mais sórdida e vil das violências assassinas, como admitir esses conceitos e teorias como verdadeiros e bons postulados científicos? Ao admitirmos essa verdade heurística proposta novamente pela ciência brancocêntrica, estamos sendo levados a aceitar como caminho e método que houve colonizações aceitáveis, amigáveis nos diversos rincões e continentes, muito embora estivéssemos (norte e sul/leste e oeste globais) em situações assimétricas.

A África posta na lateralidade do conhecimento e da ciência

Travestidos de cientistas e filósofos, figuras como Hegel, Spencer, Gobineau e Lombroso, entre outros, buscaram tirar a condição humana do africano. Estavam imbuídos da mais criminosa ignorância, não da ciência, como nos revelam autores do porte de Poliákov (1974), Biko (1990), Achebe (1983), Flores (2007), Bettencourt (2018) e Foucault (1996).

A desumanização das populações africanas sustentou por séculos os escravismos impostos pelos islâmicos e posteriormente pelos europeus ocidentais e cristãos. Esse processo engendrou ideologias supremacistas e produziu inúmeros conflitos sociais, políticos, econômicos, culturais e psíquicos.

O não pertencimento à humanidade a que foi imputada a população do continente africano e a ideia de selvageria posterior fixaram a África em um tempo tão antigo quanto a própria história, a fim de destituí-la da história humana de todas as sociedades do passado e do presente, bem como do amanhã, justamente para alijá-la de sua centralidade no plano civilizacional.

Sabe-se que a centralidade das civilizações africanas está presente em toda a obra memorial e histórica de Amadou Hampâté Bâ, especialmente em *Amkoullel, o menino fula* (2008) e *Tradição viva* (1982), mas também na de Jan Vansina, em *A tradição oral e sua metodologia* (1982), nos textos de Boubou Hama e Joseph Ki-Zerbo ("Lugar da história na sociedade africana") e de Théophile Obenga ("As fontes e técnicas específicas da história da África"), entre outros capítulos presentes no primeiro volume de *História geral da África* (1982). Ainda, nas vastas literatura e ciência africanas, como anunciadas por Elikia M'Bokolo (*África negra:* história e civilizações, 2009), e nas obras dos brasileiros Alberto da Costa e Silva (*A enxada e a lança*: a África antes dos portugueses, 1992), Fábio Leite (*A questão ancestral*, 2008) e Muryatan Barbosa (*A razão africana*: breve histórico do pensamento africano contemporâneo, 2020), quando foram beber na fonte e se fizeram humildes e aprendizes diante do enorme conhecimento antigo dos mais velhos do saber-fazer-ser-ter no tempo ancestral do futuro.

O que se reivindica com o reposicionamento da centralidade africana não é deslocar uns e outros para a periferia do mundo, mas reconhecer que, em princípio, a maior ignorância é não considerar legítima a verdade alheia. Ou, ainda, que uma única verdade é ignorância, e não ciência, como já denunciavam teórica, metodológica e politicamente Said (1995; 2006) e Ki Zerbo (1982). Apesar disso, aparentemente só agora alguns vieram a descobrir que temos uma epistemologia no "Sul", do "Sul", sobre o "Sul", para o "Sul", com o "Sul". Nossa epistemologia vem de longe: ela é ancestral e baseada nos amanhãs de nossos dias suleados pelo esplendor do sol e do húmus africano.

A nigeriana Chimamanda Ngozi Adichie (2019) denuncia de forma enfática o perigo de uma história única, especialmente porque essa é uma narrativa diversionista, preconceituosa e estigmatizante que "cria estereótipos, e o problema com estereótipos não é que sejam mentiras, mas que são incompletos. Eles fazem com que uma história se torne a única história" (p. 26). Uma história fixada no tempo social, cultural, político, econômico, psíquico e ético dos grupos, das sociedades, das civilizações é uma história imutável e silenciada — o que se configura como a própria negação da história como processo dinâmico.

Chimamanda (2019, p. 22-3) provoca os historiadores de gabinete empoeirados e leitores de Hegel ao afirmar:

> É impossível falar sobre a história única sem falar sobre poder. Existe uma palavra em igbo na qual sempre penso quando considero as estruturas de poder no mundo: *nkali*. É um substantivo que, em tradução livre, quer dizer "ser maior do que outro". Assim como o mundo econômico e político, as histórias também são definidas pelo princípio de *nkali*: como elas são contadas, quem as conta, quando são contadas e quantas são contadas depende muito de poder. [...] O poeta palestino Mourid Barghouti escreveu que, se você quiser espoliar um povo, a maneira mais simples é contar a história dele e começar com "em segundo lugar". Comece a história com as flechas dos indígenas americanos, e

> não com a chegada dos britânicos, e a história será completamente diferente. Comece a história com o fracasso do Estado africano, e não com a criação colonial do Estado africano, e a história será completamente diferente.

Nas Américas, a negação da história e da cultura africanas, assim como dos indígenas, está associada ao poder de dizer, ao poder de escrever, ao poder de difundir, ao poder de invisibilizar, ao poder de emudecer, ao poder de agenciar mentes para repetir inverdades insustentáveis.

Com Chimamanda (2019), Said (1996; 2005), Ki-Zerbo (1982), Chinua Achebe (1983; 2012), Amadou Hampâté Bâ (1982, 2008) e Ailton Krenak (2019; 2020), entre outros, é possível contestar a verdade científica euro-ocidental brancocêntrica e demonstrar que essa ciência não é caudatária da verdade.

Não se pode fechar os olhos da ciência ao grande desenvolvimento humano e tecnológico com as grandes navegações asiáticas e africanas nos oceanos Atlântico, Índico, Pacífico, no mar Mediterrâneo e no do Caribe séculos antes do início das grandes navegações europeias.

Não é possível afiançar, com os conhecimentos que temos hoje, que as grandes navegações empreendidas pelos portugueses, genoveses e espanhóis inauguraram o tempo dos contatos e do conhecimento do globo pela população humana. Essas realizações já tinham seus pioneiros; eles não estavam na Europa, mas na África e na Ásia.

Baseando-se em diversas obras, Fonseca (2008, p. 35-6) afirma:

> O conhecimento naval africano era antigo. Os egípcios construíram navios com estruturas de papiro ou madeira costurada que lhes possibilitavam navegar para diversas partes do mundo. Desde o ano de 2600 a.C., elaboravam navios de grande porte, com capacidade superior às naus europeias que chegaram à América mais de dois milênios depois da Era Cristã. Já nessa época utilizavam o remo e a vela, enquanto as naus de Cabral e Colombo dependiam exclusivamente do vento.

O conhecimento náutico dos africanos fica ainda mais evidente quando se constata que eles conheciam as rotas marítimas, que chamavam de “rios no meio do mar” (Fonseca 2008), e que africanos e povos da América Latina, especialmente os maias, tiveram contato com as populações do antigo Império do Mali. O contato dessas duas civilizações séculos antes da chegada dos navegadores europeus à América é demonstrado por Fonseca (2008), que é enfático ao afirmar que

> os africanos, com o seu conhecimento náutico, estiveram nas Américas muito antes de Colombo e Cabral, por exemplo. Desde 1862 as pesquisas históricas, etnológicas, craniológicas, botânicas, arqueológicas, oceanográficas, filológicas, de história natural e de linguística têm trazido, muito a contragosto de pesquisadores, intelectuais e governantes ocidentais, que os africanos marcaram as civilizações pré-colombianas. Van Sertima demonstra crânios africanoides em Titilco, Cerro de las Mesas e Monte Albán, no México, enfatizando que esses fósseis faziam parte do pré-clássico da civilização maia [...]. Segundo dados dos fósseis encontrados, havia 13,6% de presença africana entre os olmecas, população anterior aos maias. (p. 35)

Ainda com base nos estudos de Nascimento (1996), Fonseca (ibidem) informa:

> Constata-se nessa população olmeca e, posteriormente na maia, nos seus registros orais e linguísticos frequentes, informações sobre "esse povo negro que veio do sol nascente", como retrata o *Popul Vuh*, o livro sagrado, mítico-religioso e histórico dos maias. Esse relato fundamenta o fato de que há no idioma maia diversas expressões que se encontram nos idiomas inca e egípcio. Outros fatores, como as pirâmides egípcias, mexicanas e peruanas, bem como as técnicas de mumificação, expressam não uma coincidência, mas uma relação de intercâmbio científico e cultural, além das grandes esculturas em basalto desenvolvidas pelos olmecas, que se encontram em La Venta, San Lorenzo e Tres Zapotes, representando os reis nubas, o tipo étnico africano que esteve entre eles em tempos remotos. Os reis nubas são de origem egípcia, da XXV Dinastia dos faraós núbios, de 800 e 600 a.C., a qual se tornou à época a maior potência naval e bélica do mundo.

Todavia, se é fato que essas relações culturais, econômicas e políticas existiam entre africanos e americanos antes da chegada dos navegadores europeus, por que o silêncio, o apagamento e a manutenção de tamanha ignorância?

A única resposta possível: para justificar a hegemonia euro-ocidental e brancocêntrica, baseada em seu narcisismo e em seu helenismo vampiresco e opaco, que sonegaram não só o conhecimento tecnológico e naval africano, mas também o realizado pela população, pelo império chinês e pelo seu navegador Zheng He, como nos revelam os estudos de Gavin Menzies (2010; 2014), Fernández-Armesto (2009; 2017), Gruzinski (2015), Martins (2016).

Segundo Menzies (2014), quase setenta anos antes de Colombo e Américo Vespúcio chegarem à América, especialmente na ilha em que estão situados os atuais países do Haiti e da República Dominicana, uma frota chinesa de quatro navios grandes para aquela época navegou pelo mundo mapeando os continentes, com informações náuticas quase exatas para os padrões atuais em latitude e longitude. Essas naus chinesas estavam sob o comando de Zheng He, que além de navegador era o projetista dos navios e treinador de sua tripulação (Fernández-Armesto, 2009). Diz o mesmo autor: "O almirante era um eunuco muçulmano de ascendência mongol. Tudo nele o marcava como um estranho à elite letrada e confuciana que dominava a política chinesa. Sua nomeação, pelo imperador, como comandante da primeira força-tarefa oceânica, [foi] em 1403" (p. 145).

Menzies (2014) conta que Zheng He partiu de Nanquim, na China, em 1421, passou pela Indonésia, pela Tailândia, pelas Américas do Norte, Central e do Sul, pelo Cabo da Boa Esperança. Depois, pela Península Arábica e pela Índia. Cruzou também da América do Sul, no Pacífico Sul, até a Austrália. De modo nítido, constata-se que outra civilização também chegou antes de espanhóis, genoveses e portugueses na América, e que os chineses estiveram na Oceania antes dos ingleses.

Segundo Fernández-Armesto (2009, p. 145),

> as expedições realmente exibiam o potencial da China como núcleo de um império marítimo: a capacidade produtiva de seus estaleiros, sua capacidade de organizar expedições de forte poderio e enviá-las a grandes distâncias. Os encontros de Zheng He com adversários demonstravam sem sombra de dúvida a superioridade chinesa.

Menzies (2014) acrescenta que os navios chineses do início do século XV eram três vezes maiores que um navio de guerra britânico do século XVIII;

mediam 46 metros de comprimento, com capacidade para 850 homens, tendo sido utilizadas 6 mil árvores para construir cada um dos quatro navios que singraram os oceanos e realizaram as cartas náuticas que conhecemos hoje, com algumas pequenas imprecisões em seus cálculos.

Menzies (2014, p. 32) corrobora as informações referentes à superioridade e à hegemonia chinesa dos mares naquele momento civilizacional global:

> Quanto mais estudava, mais reverência me inspirava a glória dessa civilização antiga, culta, incrivelmente sofisticada. A ciência, a tecnologia e os conhecimentos dos chineses sobre o mundo em volta eram tão avançados em comparação com os nossos que, em alguns casos, três, quatro e cinco séculos teriam de se passar antes que o know-how europeu se equiparasse ao dos chineses medievais.

Em outro momento, o mesmo autor desmente a ciência brancocêntrica, descortinando suas inverdades:

> Colombo, Vasco da Gama, Magalhães e Cook fariam mais tarde os mesmos "descobrimentos", mas todos eles sabiam que estavam seguindo as pegadas de outros, porquanto levavam consigo cópias de mapas chineses quando iniciaram suas próprias jornadas para o "desconhecido". Para usar mal uma citação famosa, diríamos: se puderam ver mais longe do que os outros, isso aconteceu porque estavam de pé sobre ombros de gigantes. (p. 33)

É óbvio que os navegadores europeus mencionados por Menzies, por exemplo, não só "estavam de pé sobre ombros de gigantes" como foram os verdadeiros "papagaios de pirata" que se acomodaram nos ombros de pioneiros e desbravadores dos oceanos pertencentes à África e à Ásia e aprenderam caminhos e rotas marítimas — sem, no entanto, dizer publicamente quem foram os autores das cartas náuticas que utilizaram em suas grandes navegações. Tendo em vista o desinteresse político e econômico da China em ser a única potência global naquele momento, o país

> nunca forjou um vasto império global, como fizeram nações litorâneas do Atlântico. Um observador do mundo no século XV certamente prognosticaria que os chineses se adiantariam a todos os povos no descobrimento das rotas transoceâ-

> nicas que sulcaram o mundo e na inauguração do imperialismo marítimo em terras longínquas. Nada disso, porém, se materializou, e o campo permaneceu livre para que os exploradores da Europa, muito menos promissores, inaugurassem as rotas que circundaram o mundo.[10] (Fernández- Armesto, 2017, p. 295)

Concordamos com Serge Gruzinski (2015), do ponto de vista analítico, quando ele diz:

> O recuo oficial para o interior das fronteiras do império, após o abandono das grandes expedições conduzidas pelo muçulmano chinês Zheng He, é relativo. Por um lado, porque uma ativa diáspora chinesa povoa o Sudeste Asiático; por outro, porque a China dos Ming — a dinastia no poder desde 1368 — está longe de ter renunciado à sua supremacia sobre essa parte do mundo. [...] A existência de uma administração encarregada dos contatos com o exterior, a curiosidade pelos estrangeiros, os conhecimentos de que se dispunha sobre eles, a circulação dos homens e dos livros impedem a China de ser um mundo emparedado atrás de suas linhas de fortificação. (p. 46)

As navegações chinesas citadas por Menzies (2010; 2014), Fernández-Armesto (2009, 2017), Gruzinski (2015), assim como as africanas mencionadas por Fonseca (2008) e Nascimento (1996), constituíram as cartas náuticas e desenharam os mapas-múndi que serviram para a conquista das Américas. Elas foram fundamentais para que Cristóvão Colombo, Vasco da Gama, Pedro Álvares Cabral, Diogo Cão, Fernão de Magalhães e James Cook, entre outros, chegassem a diversas partes do mundo. Sem essas cartas náuticas, os europeus poderiam ter demorado mais alguns séculos para desenvolver a tecnologia apresentada a eles pelos embaixadores chineses, que também lhes transmitiram seus estudos sobre astronomia, matemática, impressão, arquitetura, siderurgia e armamento militar.

Os conhecimentos científicos e tradicionais de asiáticos e africanos permitiram aos europeus dar início ao seu período renascentista, ou seja, condu-

---

10. Não nos aprofundaremos, neste capítulo, na posição chinesa diante dessa realidade mencionada por Fernández-Armesto (2017). Para tanto, recomendamos a leitura das obras citadas.

ziram a Europa Ocidental, branca e cristã, para fora das trevas tanatológicas, das sombras tridentinas e da ignorância medieval. Apesar disso, ela não conseguiu retirar de si o narcisismo, o helenismo e o vampirismo. Essas faces e esses fenômenos estão enraizados profundamente em sua cultura ancestral, cujo fator sócio-organizacional e histórico-cultural tem assentamento na necropolítica (Mbembe, 2017; 2018).

A África, centro ancestral de tudo que existiu, existe e existirá — umbigo do mundo

O conhecimento científico, cultural, social, econômico, político, tecnológico, linguístico, literário e mágico-mítico-religioso fundamenta-se nas experiências e vivências africanas e dos demais povos, especialmente os da América e da Ásia. Mas são propriamente esses conhecimentos, vivências e experiências que fazem que as populações e as culturas africanas, por exemplo, sejam empurradas para longe do centro, postas na lateralidade — ou, se quisermos, na marginalidade.

Além disso, querem nos fazer acreditar e reconhecer que o celeiro de cérebros celebrados pela ciência e pela mídia internacional está situado somente no universo psíquico-cultural euro-ocidental, isto é, que apenas cerca de meia dúzia de nações gerou homens inteligentes e produziu o conhecimento científico antigo, universal e atual.

Assim, voltando a Chimamanda Adichie (2019), essa narrativa, além de contar apenas uma história, constitui um crime de lesa-humanidade realizado em nome da ciência — o epistemicídio e/ou o racismo epistêmico —, sobretudo quando transformam conhecimentos em mercadoria, negando o direito à história, à memória (Le Goff, 1990), ao patrimônio cultural material e imaterial de diversas nações, povos e etnias de todos os continentes. Ki-Zerbo, nesse particular, diz no primeiro volume de *História geral da África* (1982), obra da Organização das Nações Unidas para a Educação, a Ciência e a Cultura (Unesco):

> Abatido por séculos de opressão, esse continente presenciou gerações de viajantes, de traficantes de escravos, de exploradores, de missionários, e procônsules, de sábios de todo tipo, que acabaram por fixar sua imagem no cenário da miséria, da barbárie, da irresponsabilidade e do caos. Essa imagem foi projeta-

> da e extrapolada ao infinito ao longo do tempo, passando a justificar tanto o presente quanto o futuro.
>
> Não se trata aqui de construir uma história-revanche, que relançaria a história colonialista como um bumerangue contra seus autores, mas de mudar a perspectiva e ressuscitar imagens "esquecidas" ou perdidas. Torna-se necessário retornar à ciência, a fim de que seja possível criar em todos uma consciência autêntica. É preciso reconstruir o cenário verdadeiro. É tempo de modificar o discurso. (p. 22)

E ainda:

> A África tem uma história. [...] Com efeito, a história da África, como a de toda a humanidade, é a história de uma tomada de consciência. Neste sentido, a história da África deve ser reescrita. E isso porque, até o presente momento, ela foi mascarada, camuflada, desfigurada, mutilada. Pela "força das circunstâncias", ou seja, pela ignorância e pelo interesse. (p. 21-2)

Ki-Zerbo (1982) e Chimamanda Adichie (2019), entre outros africanos, têm toda razão em suas afirmações e contestações, e o que se verificou no último quartel do século XX e invadiu o século XXI foi o fato de que a literatura científica, filosófica e ficcionista africana ganhou mais espaço em todos os continentes, trazendo uma África não conhecida pela maioria da população mundial.

O pensamento africano que se apresenta no momento atual (Barbosa, 2020) visa demonstrar e comprovar que o continente tem uma natureza rica e uma população culturalmente diversa, da qual surgem inúmeros cientistas e literatos que constroem o enredo de suas obras a partir da universalidade e da força que estão presentes nessa realidade e nesse imaginário sociais. Assim, A África se posiciona como central e se consagra como detentora de seu conhecimento ancestral e futurista.

É com esse grande conjunto de valor estético, semântico, cultural, tecnológico e comercial que os pensamentos africanos e afrocentrados emergem nas diferentes academias científicas e no imaginário euro-ocidental, judaico-cristão, com uma força extraordinária. Os pensamentos filosóficos e os conhecimentos científicos produzidos no continente africano não aceitam mais ser apenas informação subliminar. Eles se colocam como reveladores do poder, do saber, do ter, do ser, do estar, do sentir e do viver na África e nos moldes dos africanos — pela presença que se traduz em força, ousadia, astúcia, sabedoria, engenhosidade, mas também em criatividade, autenticidade e inteligência.

Essa ciência e consciência é o que dá força à procura da centralidade africana no jogo global. Ela já foi perceptível, muito tempo antes do final do século XX e deste início do século XXI, como comprovaram Cheikh Anta Diop (1983) e, mais recentemente, Célestin Monga (2010) e outros estudiosos africanos em diversos estudos científicos, literários e de documentos cinematográficos.

> O Egito negro e africano, sua pujança civilizatória e seu império marcam a história da humanidade; suas pirâmides, seus mistérios têm construído diversos filmes a partir dos estúdios de Hollywood, durante todo o século XX e neste início de século XXI. Os turistas ocidentais têm visitado este país africano não por outra coisa, senão pela sua introjeção enquanto valor cultural, social e psíquico, isto é, pela força da cultura egípcia no contexto da cultura ocidental. A importância do Egito e de seu império marcam profundamente a unidade do povo judeu, inclusive a sua identidade de povo errante, sofrido e vencedor por ter sido conduzido por Moisés, filho do Egito.[11] (Fonseca, 2007, p. 99)

A África faz parte do imaginário cultural de todas as sociedades, de ontem e de hoje. Ela marca a existência dos grupos humanos, posto que foi lá que os primeiros hominídeos e os primeiros *Homo sapiens* surgiram. Assim, nossa humanidade tem um lugar de nascimento, há uma terra que nos diz que é mãe e um continente que nos informa que é o pai de todos nós — seres humanos.

No Brasil, também se verifica a presença africana nas obras de diversos estudiosos de diferentes matizes ideológicos e científicos — por exemplo, naqueles que se referem ao período escravista e imediatamente pós-escravista, como Querino (1988), Freyre (1987), Rodrigues (1988), Ramos (1988) e, mais recentemente, Verger (1987), em *Fluxo e refluxo*. Destacam-se, ainda, *A enxada*

11. Moisés foi adotado pela filha do faraó (não identificado) e educado na corte como príncipe do Egito.

e a lança (1992), de Alberto da Costa e Silva; *Sankofa* (1996), de Elisa L. Nascimento; *Em costas negras*, de Manolo Florentino (1997); *O trato dos viventes* (2000), de Luís Felipe de Alencastro; *O Atlântico negro* (2001), de Paul Gilroy; *Brasil/África*: como se o mar fosse mentira, de Rita Chaves et al. (2003); *A África na sala de aula* (2005), de Leila L. Hernandez; *Itinerários da loucura em território dogon* (2004), de Denise D. Barros; *A questão ancestral* (2008), de Fábio Leite. Mas também constatamos que houve diversas traduções de obras escritas por africanos, fossem no campo da literatura ou das ciências humanas, como *Na casa de meu pai*: África na filosofia da cultura (1997), de Kwane Appiah; *Para quando a África?* (2006), de Joseph Ki-Zerbo; e *África negra* (2009), de Elikia M'Bokolo, por exemplo — as quais completaram o vazio após as coletâneas da Unesco referentes à África.

O processo de construção dessas conexões e interconexões passa efetivamente pela criação de uma nova epistemologia e de uma renovada mentalidade de longa duração alicerçada nas histórias locais, regionais e globais da África nas Américas, mas também dos demais continentes que viveram sob a marca da conquista territorial, bem como na experiência cognitiva produzida ao longo de séculos pelos africanos.

Não à toa se discute hoje, em nível global, o conceito de necropolítica elaborado por Joseph-Achille Mbembe, filósofo, teórico político, historiador, intelectual e professor universitário camaronês, bem como o valor civilizatório e a cosmovisão oriundos da ética africana e da tradição dos povos bantus. Referimo-nos ao termo Ubuntu, que se fundamenta, segundo a etnia zulu, no ditado *Umuntu ngumuntu ngabantu* — uma pessoa é uma pessoa através de outras pessoas (Noguera, 2012; Cunha Jr., 2010).

As pessoas somente são pessoas quando reconhecem a existência de outras pessoas, inclusive diversas entre si. Como frisa Fonseca (2018, p. 52), "respiramos os mais velhos e inspiramos os que ainda não vieram, mas chegaram a nós, somos UBUNTU — o presente presentificado em nós —, o antes e o depois. Gratidão profunda".

O respeito com o humano que existe em cada um de nós, seja ele vivente ou já antepassado ou aquele que virá, demarca o princípio da responsabilidade e da aliança com as gerações de ontem, de hoje e de amanhã, a partir também de nossa ancestralidade, unidade entre os que estão no mundo material e imaterial da existência possível.

A necropolítica de Mbembe (2017; 2018), a história única de Chimamanda (2019), as denúncias de Diop e Ki-Zerbo (1982; 2006), os alertas de Hampâté Bâ (1982; 2008) estão na base da concepção civilizatória que nos aponta o Ubuntu. Afinal, é a negação inequívoca do narcisismo brancocêntrico e patológico, do helenismo canibal e assassino, bem como do vampirismo que rouba as energias vivas para torná-las mortas, opacas, sem brilho — e que foi difundida pela ciência e pelas nações eurocentradas em si, avessas à diversidade, ao respeito, ao múltiplo, à alegria, ao riso, à brincadeira, ao lúdico, aos coloridos, às diferenças presentes em nós.

Somos *Homo sapiens sapiens africanus* de qualquer latitude ou longitude, posto que somos a humanidade. Quem nos desumaniza é porque a perdeu. Somos o que somos nos outros, não o que não somos. Assim, abrimos um espaço de confronto e, fundamentalmente, de (re)encontro entre as identidades científicas, pois todas as ciências são humanas e sociais — inclusive as exatas, as tecnológicas, as biológicas, as da natureza, as da saúde; todas têm um caráter múltiplo, plural e polissêmico, na medida em que são as ciências do humano, nascido na África.

Referências bibliográficas

ACHEBE, Chinua. *O mundo se despedaça.* Autores Africanos, n. 17. São Paulo: Ática, 1983.

______. *A educação de uma criança sob o Protetorado Britânico*. São Paulo: Companhia das Letras, 2012.

ADICHIE, Chimamanda Ngozi. *O perigo de uma história única*. São Paulo: Companhia das Letras, 2019.

ALENCASTRO, Luiz Felipe de. *O trato dos viventes*: formação do Brasil no Atlântico Sul. São Paulo: Companhia das Letras, 2000.

______. "Posfácio". In: CONRAD, Joseph. *Coração das trevas*. São Paulo: Companhia das Letras, 2008, p. 155-79.

APPIAH, Kwane. *Na casa de meu pai*: África na filosofia da cultura. Rio de Janeiro: Contra Ponto, 1997.

ARROYO, Leonardo. *A carta de Pero Vaz de Caminha*. Brasília: Melhoramentos, 1976.

BALANDIER, Georges. *Sociologie actuelle de l'Afrique noire*: dynamique sociale en Afrique Centrale. Paris: PUF, 1950.

______. *O poder em cena*: Brasília, UnB, 1982.

BARBOSA, Muryatan S. *A razão africana*: breve história do pensamento africano contemporâneo. São Paulo: Todavia, 2020.

BARROS, Denise D. *Itinerários da loucura em território dogon*. Rio de Janeiro: Fiocruz; São Paulo: Casa das Áfricas, 2004.

BETHENCOURT, Francisco. *Racismos*: das cruzadas ao século XX. São Paulo: Companhia das Letras, 2018.

BIKO, Steve. *Escrevo o que eu quero*. São Paulo: Ática, 1990.

BOURDIEU, Pierre. *A economia das trocas simbólicas*. São Paulo: Perspectiva, 2011.

__________; PASSERON, Jean-Claude. *A reprodução*: elementos para uma teoria do sistema de ensino. Petrópolis: Vozes, 2009.

CAMÕES, Luís de. *Os lusíadas*. Rio de Janeiro: Biblioteca do Exército, 1980.

CARDOSO, Lourenço. *O branco ante a rebeldia do desejo*: um estudo sobre o pesquisador branco que possui o negro como objeto científico tradicional. A branquitude acadêmica, v. 2. Curitiba: Appris, 2020.

CHAVES, Rita et al. *Brasil/África*: como se o mar fosse mentira. Maputo: Editora Universitária, Universidade Eduardo Mondlane, 2003.

CONRAD, Joseph. *Coração das trevas*. São Paulo: Companhia das Letras, 2008.

COPPENS, Yves. *O macaco, a África e o homem*. Lisboa: Gradiva, 1983.

CUNHA JR., Henrique. "NTU: introdução ao pensamento filosófico bantu". In: *Revista Educação em Debate*, v. 1, n. 59, ano 32,·2010. Disponível em: https://repositorio.ufc.br/bitstream/riufc/15998/1/2010_art_hcunhajunior.pdf. Acesso em: 15 dez. 2020.

DIOP, Cheikh Anta. "Origem dos antigos egípcios". In: MOKHTAR, Gamal (org.). *História geral da África*. A África antiga, v. 2. São Paulo: Ática; Paris: Unesco, 1983, p. 39-70.

ECO, Umberto. *O nome da rosa*. São Paulo: Círculo do Livro, 1980.

EVANS-PRITCHARD, Edward E. *Os nuer*. São Paulo: Perspectiva, 1978.

FERNÁNDEZ-ARMESTO, Felipe. *Os desbravadores*: uma história mundial da exploração da Terra. São Paulo: Companhia das Letras, 2009.

______. *1492*: o ano em que o mundo começou. São Paulo: Companhia das Letras, 2017.

FLORENTINO, Manolo. *Em costas negras*: uma história do tráfico de escravos entre a África e o Rio de Janeiro. São Paulo: Companhia das Letras, 2002.

FLORES, Maria Bernardete R. *Tecnologia e estética do racismo*: ciência e arte na política da beleza. Chapecó: Editora Universitária Argos, 2007.

FONSECA, Dagoberto José. *África*: desconstruindo mitos. São Paulo: Centro de Estudos das Relações de Trabalho e Desigualdades (Ceert), Secretaria de Educação Municipal de São Paulo, 2008.

______. "Os africanos, os afro-brasileiros e as Áfricas antiga e contemporânea no imaginário ocidental: a importância e o impacto da Lei 10.639". In: BOLAMA, Nico A. (org.). *Redes de conhecimentos*: novos horizontes para cooperação Brasil e África. São Carlos: Pedro e João, 2007, p. 91-101.

______. "Deuses e letras: a instituição cristã no imaginário contemporâneo — uma homenagem a Umberto Eco". In: *Caderno de Campo*: revista de Ciências Sociais, v. 21, 2016, p. 267-76.

______. "Uma ideia, um ideal, uma missão: as utopias que herdamos de nossos antepassados e dos que virão — filhos e filhas". In: FONSECA, Dagoberto José; MALOMALO, Bas'Ilele; FONSECA, Simone Loiola Ferreira (orgs.). *Intelectualidade coletiva negra*: memórias, educação e emancipação. Porto Alegre: Fi, 2018, p. 15-53.

FOUCAULT, Michel. *Genealogía del racismo*. La Plata: Altamira. Colección Caronte Ensayos, 1996.

FREYRE, Gilberto. *Casa-grande e senzala*. Rio de Janeiro: José Olympio, 1987.

GAARDER, Jostein. *Vita brevis*: a carta de Flória Emília para Aurélio Agostinho. São Paulo: Companhia das Letras, 1997.

GALEANO, Eduardo. *As veias abertas da América Latina*. Estudos latino-americanos, v. 12. Rio de Janeiro: Paz e Terra, 1971.

GILROY, Paul. *O Atlântico negro*. São Paulo: 34; Rio de Janeiro: Universidade Cândido Mendes, 2001.

GRUZINSKI, Serge. *A águia e o dragão*: ambições europeias e mundialização no século XVI. São Paulo: Companhia das Letras, 2015.

HAGGARD, Henri Rider. *Ela*. Rio de Janeiro: Record, 2004.

______. *As minas do rei Salomão*. Santos: Via Leitura, 2017.

HAMA, Boubou; KI-ZERBO, Joseph. "Lugar da história na sociedade africana". In: KI-ZERBO, Joseph (coord.). *Metodologia e pré-história da África*. História geral da África, v. 1. São Paulo: Ática; Brasília: Unesco, 1982, p. 61-71.

HAMPÂTÉ BÂ, Amadou. "A tradição viva". In: KI-ZERBO, Joseph (coord.). *Metodologia e pré-história da África*. História geral da África, v. 1. São Paulo: Ática; Brasília: Unesco, v. 1, 1982, p. 181-218.

______. *Amkoullel, o menino fula*. São Paulo: Casa das Áfricas/Palas Athena, 2008.

HEGEL, Georg W. F. *Filosofia da história*. Brasília: Universidade de Brasília, 1999.

HERNANDEZ, Leila L. *A África na sala de aula*: visita à história contemporânea. São Paulo: Selo Negro, 2005.

HOCHSCHILD, Adam. *O fantasma do Rei Leopoldo*: uma história de cobiça, terror e heroísmo na África colonial. São Paulo: Companhia das Letras, 1999.

JAHN, Janheinz *Muntu:* las culturas de la negritud. Madri: Guadarrama, 1970.

KRENAK, Ailton. *Ideias para adiar o fim do mundo*. São Paulo: Companhia das Letras, 2019.

______. *O amanhã não está à venda*. São Paulo: Companhia das Letras, 2020.

KI-ZERBO, Joseph. "Introdução geral". In: KI-ZERBO, Joseph (org.). *Metodologia e pré-história da África*. História geral da África, v. 1. São Paulo: Ática; Brasília: Unesco, 1982, p. 21-42.

______. *Para quando a África?*. Rio de Janeiro: Pallas, 2006.

LE GOFF, Jacques. *História e memória*. Campinas: Ed. da Unicamp, 1990.

LEIRIS, Michel. *A África fantasma*. São Paulo: Cosac Naify, 2007.

LEITE, Fábio. *A questão ancestral*. São Paulo: Palas Athena/Casa das Áfricas, 2008.

MARTINS, Maxwell. *Entre dragões e palancas negras*: o apoio chinês na independência de Angola. Araraquara. Dissertação (Mestrado em Ciências Sociais) — Faculdade de Ciências e Letras, Universidade Estadual Paulista "Júlio de Mesquita Filho", Araraquara, 2016.

MARX, Karl. *Sobre el modo de producción asiático*. Organização e apresentação: Maurice Godelier. Barcelona: Martinez Roca, 1969.

MBEMBE, Achille. *Necropolítica*. São Paulo: N-1, 2018.

______. *Crítica da razão negra*. Lisboa: Antígona, 2017.

M'BOKOLO, Elikia. *África negra*. São Paulo: Casa das Áfricas; Salvador: Edufba, 2009.

MENZIES, Gavin. *1421*: o ano em que a China descobriu o mundo. Rio de Janeiro: Bertrand Brasil, 2014.

______. *1434*: O ano em que uma magnífica frota chinesa velejou para a Itália e deu início ao Renascimento. Rio de Janeiro: Bertrand Brasil, 2010.

MOORE, Carlos. *O marxismo e a questão racial*: Karl Marx e Friedrich Engels frente ao racismo e à escravidão. Repensando África, v. 5. Belo Horizonte: Nandyala; Uberlândia: Cenafro 2010.

MORIN, Edgar. *Ciência com consciência*. Rio de Janeiro: Bertrand Brasil, 1998.

______. *Os meus demónios*. Mem Martins: Europa-América, 1995.

NASCIMENTO, Elisa Larkin (org.). "Introdução às antigas civilizações africanas". In: *Sankofa*: matrizes africanas da cultura brasileira. Rio de Janeiro: Universidade do Estado do Rio de Janeiro, 1996, p. 39-49.

NOGUERA, Renato. "Ubuntu como modo de existir: elementos gerais para uma ética afroperspectivista". In: *Revista da ABPN*, v. 3, n. 6, nov. 2011-fev. 2012, p. 147-50. Disponível em: https://filosofia-africana.weebly.com/uploads/1/3/2/1/13213792/renato_noguera_-_ubuntu_como_modo_de_existir.pdf. Acesso em: 15 dez. 2020.

OBENGA, Théophile. "As fontes e técnicas específicas da história da África". In: KI-ZERBO, Joseph (coord.). *Metodologia e pré-história da África*. História geral da África, v. 1. São Paulo: Ática; Brasília: Unesco, 1982, p. 91-104.

OVÍDIO. *Metamorfoses*. São Paulo: 34, 2017.

PEIXOTO, Fernanda Arêas. "A viagem como vocação: antropologia e literatura na obra de Michel Leiris (apresentação). In: LEIRIS, Michel. *A África fantasma*. São Paulo: Cosac Naify, 2007, p. 19-33.

PIERUCCI, Antônio F. *O desencantamento do mundo*: todos os passos do conceito em Max Weber. São Paulo: 34, 2003.

POLIAKOV, Léon. *O mito ariano*: ensaio sobre as fontes do racismo e dos nacionalismos. Estudos. São Paulo: Perspectiva/Edusp, 1974.

RADCLIFFE-BROWN, A. R. *Estrutura e função na sociedade primitiva*. Petrópolis: Vozes, 1973.

RAMOS, Arthur. *O negro brasileiro*. Recife: Massangana/Fundação Joaquim Nabuco, 1988.

RODNEY, Walter. *Como a Europa subdesenvolveu a África*. Lisboa: Seara Nova, 1975.

RODRIGUES, Raymundo Nina. *Os africanos no Brasil*. São Paulo: Nacional; Brasília: Universidade de Brasília, 1988.

SAID, Edward W. *Cultura e imperialismo*. São Paulo: Companhia das Letras, 2005.

______. *Orientalismo*: o Oriente como invenção do Ocidente. São Paulo: Companhia das Letras, 1996.

SANTO AGOSTINHO. *Confissões*. Petrópolis: Vozes, 1998.

SHAKESPEARE, William [online]. *Othello, the moor of Venice*. St. Paul: EMC, 2005. Disponível em: http://www.emcp.com/previews/AccessEditions/ACCESS%20EDITIONS/Othello.pdf. Acesso em: 10 dez. 2020.

______. [online] *A tempestade* (2013). Disponível em: http://fatecjd.edu.br/clubedolivro/ebooks/A%20Tempestade-William%20Shakespeare.pdf. Acesso em: 10 dez. 2020.

SHELLEY, Mary. *Frankenstein*. São Paulo: Excelsior, 2019.

SILVA, Alberto da C. *A enxada e a lança*: a África antes dos portugueses. São Paulo: Edusp; Rio de Janeiro: Nova Fronteira, 1992.

VANSINA, Jean. "A tradição oral e sua metodologia". In: KI-ZERBO, Joseph (org.). *Metodologia e pré-história da África*. História geral da África, v. 1. São Paulo: Ática; Brasília: Unesco, 1982, p. 157-79.

VERGER, Pierre. *Fluxo e refluxo*: do tráfico de escravos entre o Golfo de Benin e a Bahia de Todos os Santos — do século XVII ao XIX. Salvador: Corrupio, 1987.

WEBER, Max. "A ciência como vocação". In: *Ensaios de sociologia*. 5. ed. Rio de Janeiro: Zahar, 1982, p. 154-83.

3. Pós-eurocentrismo e democracia africana: perspectivas a partir do pensamento africano contemporâneo

Muryatan S. Barbosa

Durante o século XIX e início do século XX, as ciências humanas e sociais tornaram-se disciplinas acadêmicas na Europa Ocidental. Assim, suas abordagens clássicas estiveram enraizadas na experiência histórica dessa região particular do mundo — ainda mais tendo em conta o parco conhecimento que se tinha à época sobre a humanidade. Por essa razão primordial, tais ciências nasceram inevitavelmente eurocêntricas, analisando o "resto" a partir de si.

Esse pecado original mostrou-se realmente problemático na medida em que muitos dos continuadores de tal legado (europeus e não europeus) não refletiram (e continuam não refletindo) sobre a importância desse fato para a prática de seu trabalho como sociólogos, historiadores, filósofos, geógrafos, politólogos, psicólogos, antropólogos ou especialistas em relações internacionais.

Ao fazê-lo, assumem uma atitude acrítica e pouco científica. Por consequência, na melhor das hipóteses, no mundo subdesenvolvido tornam-se repetidores de fórmulas alheias (europeias e estadunidenses) que colaboram para reproduzir sua posição periférica no mundo acadêmico, em que os profissionais dos países centrais criam teorias, e o "resto", empiria derivada dessas teorias. Assim se repete, no campo profissional, o papel submisso que a maior parte das elites subdesenvolvidas tende a ocupar no sistema capitalista internacional.

Felizmente não foi a escolha de todos. Ao destacar certas contribuições de pensadores africanos (especialmente sul-saarianos) e do mundo africano não continental contemporâneo, vamos aqui enfatizar como esses autores e autoras tentaram superar tal herança originária, eurocêntrica, sem renunciar à cientificidade de seus trabalhos. Pelo contrário, buscando efetivá-la em um plano superior. Isso é o que aqui chamamos de pós-eurocentrismo.

Mais particularmente, vamos analisar, de forma sintética, como tais autores tentaram imaginar e reelaborar a ideia de uma democracia própria no pensamento africano contemporâneo. Para tanto, destacaremos as origens dessa ideia, em fins do século XIX, seu desenvolvimento e complexificação, no período das independências (descolonizações), e, finalmente, sua retomada na atualidade.

Personalidade africana

A história intelectual da África é uma das mais ricas e antigas do mundo. Tem seus primórdios na Núbia antiga e no Egito faraônico. A partir da Grécia, perpassa todo o mundo antigo, chegando até a formação das ciências modernas, impulsionada, em particular, pela fundação do racionalismo árabe por diversos intelectuais norte-africanos, como o historiador e filósofo Ibn Khaldun (1332-1406).

No entanto, ao tratar do pós-eurocentrismo no pensamento africano e afrodiaspórico, conforme a definição supracitada, devemos destacar necessariamente os intelectuais "modernos", entendendo por isso aqueles que o são por sua função e qualificação profissional. Em outras palavras, aqueles surgidos com o avanço das relações de produção capitalistas e da divisão social do trabalho.

Trata-se, portanto, de intelectuais de tradição ocidental, que falavam e escreviam em línguas europeias, além de atuarem em instituições tipicamente "modernas", como as igrejas protestantes, as universidades, o campo literário, o jornalismo — em especial na então incipiente imprensa negra, na África Ocidental, na África do Sul e nas Américas (especialmente Caribe e Estados Unidos). Em sua maioria, homens. Entram nesse escopo afro-estadunidenses, como Martin R. Delany (1812-1885), Frederick Douglass (1818-1895), Alexander Crummell (1819-1898), Anna Copper (1858-1964), W. E. Du Bois (1868-1963); africanos, como James "Africanus" B. Horton (1835-1883), John Mensah Sarbah (1864-1910), B. Attoh Ahuma (1863-1921), Bishop James "Holly" Johnson (1836-1917), Francis Z. C. Peregrino (1851-1919), Dusé Mohamed Ali (1866-1945), Caetano da Costa Alegre (1864-1890), José de Fontes Pereira (1823-1891); caribenhos, como Edward Blyden (1832-1912),

Henry Sylvester Williams (1869-1911); e brasileiros, como Machado de Assis (1839-1908), Cruz e Souza (1861-1898) e Luís Gama (1830-1892).

Entre estes, Edward Blyden foi um dos autores que mais destacaram a ideia de que a África tinha características democráticas próprias, que deveriam ser potencializadas para a formação de uma nova África. Caribenho de origem (Ilhas Virgens), Blyden passou a maior parte da vida na África, vivendo na Libéria, na Serra Leoa e em Lagos (Nigéria). Foi para lá voluntariamente, tendo sua passagem paga pela Sociedade Americana de Colonização. Ainda jovem, nas Ilhas Virgens e nos Estados Unidos, formou-se missionário. Posteriormente na África, tornou-se professor, político, escritor, jornalista e diplomata. Era poliglota e erudito, conhecia as culturas (inglesa, espanhola, árabe, latina, grega e outras africanas). Disputou a presidência da Libéria, em 1885, mas foi derrotado. Nesse período, após entrar em conflito com parte da elite local, mudou-se para Serra Leoa.

Por sua trajetória, Blyden esteve ligado tanto às questões da diáspora como às da própria África. De início, foi para lá porque acreditava na possibilidade real de regeneração da “raça” negra a partir do continente. Serviu basicamente como propagandista da ideia de colonização afro-americana, principalmente da Igreja Presbiteriana dos Estados Unidos. Depois, como secretário de Estado da Libéria, em 1864, organizou campanhas de cristianização dos nativos do interior. Observando os conflitos com a elite local litorânea (basicamente, descendentes da diáspora) e depois de diversas viagens ao interior de Serra Leoa e Libéria, na década de 1870, passou à defesa dos africanos. Com o tempo, esse sentimento tornou-se abertamente nacionalista africano, na medida em que Blyden começou a defender um autogoverno local que deveria ser construído gradualmente a partir da Libéria e de Serra Leoa, até englobar toda a África Ocidental.

Tornou-se então um crítico da pigmentocracia na região. Em particular, na Libéria, pois via que ali estava se estabelecendo uma dominação de mestiços da diáspora (ou seus descendentes) contra os autóctones africanos. Aprofundando seus estudos nos últimos anos de vida, pesquisou os valores civilizatórios africanos. Fez então a defesa, de forma pioneira, do que chamou de personalidade africana, que se poderia observar na centralidade que se dava na África à família, à vida coletiva, ao uso comum da terra e da água e à regulação das funções sociais. Concluiu que, para construir uma unidade africana a partir dessa personalidade, seria necessário reafricanizar a África litorânea, aculturando as populações citadinas ao meio africano rural, interiorano. Desde então, para ele, eram os afro-americanos que deveriam se civilizar na personalidade africana, e não o contrário. E nisso incluía os cristãos (como ele) e islâmicos, não africanizados (Adi e Sherwood, 2003, p. 13).

Boa parte do seu trabalho em torno do tema foi publicada no livro *Vida e costumes africanos* (1908). Vale citar o próprio autor, em um escrito que provavelmente tinha algo de autobiográfico:

> Houve uma época em que o nativo africano, criado à moda europeia, olhava para tudo europeu como absolutamente superior, e algo indispensável para a obtenção da maior felicidade e usufruto do Homem neste mundo, até mesmo para sua salvação além do túmulo. Ele olhou para o método europeu de acumular riqueza, a durabilidade e excitação do comércio, o sistema bancário e a possessão individualista como objetivos finais do desenvolvimento humano. Mas uma vasta, triste e crescente experiência provou-lhe, no que diz respeito à felicidade para si mesmo e para o sucesso de sua prole, que essas coisas são apenas "cisternas quebradas que não podem conter água". [...] Nenhum nativo civilizado que há cinquenta anos era rico em seu país no sentido europeu deixou qualquer descendente que hoje não viva na penúria; e não há perspectiva de que as coisas sejam melhores no futuro. O africano está, portanto, rapidamente chegando a uma revisão de suas ideias imaturas anteriores sobre esse assunto. Há hoje centenas de africanos autodeclarados "civilizados" que estão retornando para si mesmos como africanos. Eles compreenderam os princípios subjacentes à ordem econômica e social da Europa e os rejeitaram como não sendo iguais aos seus, por não proverem os meios adequados às necessidades normais de todos os membros da sociedade presente e futura — do nascimento à morte. Descobriram todos os locais de desperdício, toda a nudez do sistema europeu, tanto pela leitura como pela viagem. A grande riqueza não pode mais deslumbrá-los e ocultar de sua visão as vastas massas da população que vivem sob tal sistema que é supostamente ideal, mas que não garante nenhuma terra de uso para si ou para os outros, formando o grande número de seres humanos que viram esses "produtos residuais" recrutados geração após geração. E esses chamados africanos civilizados estão resolvidos, tanto quanto puderem, a salvar a África de tal destino. Eles hoje observam que na estrutura social da Euro-

> pa há três elementos permanentes — Pobreza, Criminalidade, Insanidade — pessoas que vivem do trabalho doméstico ou em prisões e hospícios...
>
> Agora sob o sistema africano de propriedade comunal e esforço cooperativo, cada membro de uma comunidade tem um lar, suficiente alimento, roupas e outras necessidades da vida e para a vida; e seus filhos têm as mesmas vantagens. Nesse sistema, não há empregados domésticos nem a necessidade de tal arranjo. Embora, de acordo com os ideais europeus, aí as pessoas vivam em um nível inferior, não existem desperdício nem desejos insatisfeitos, pois há sempre o suficiente e de sobra. E eles sempre têm o poder e a vontade de oferecer uma generosa hospitalidade [...] O modo de vida africano não é fruto de um acidente. Nasce de séculos de experiência, sendo consequência de uma lógica filosófica impecável. (Blyden apud Wilson, 1969, p. 258-9, tradução nossa)

Indo além, Blyden (1969) interessou-se por uma história africana com dinâmicas próprias, que teria se desenvolvido nas relações entre as diversas “raças africanas” na Antiguidade — aí incluídos os etíopes e os egípcios. Em suma, foi o autor que mais trabalhou pela formação de uma africanidade continentalista, que seria base de um futuro estado unitário.

O conceito de personalidade africana como essência de uma democracia própria africana foi retomado, de formas diversas, por inúmeros autores e ativistas africanos e da diáspora afro-americana no pós-guerra e mesmo na década de 1970, por conta das tentativas de construção do “socialismo africano” (Barbosa, 2020). Daí sua relevância aqui.

O conceito foi central, por exemplo, para o movimento da negritude francófona nos anos 1950. Aimé Césaire, por exemplo, sintetizou suas ideias sobre a negritude no conceito de personalidade cultural africana, cujos aspectos primordiais seriam a identidade, a fidelidade e a solidariedade para com os povos negros de todo o mundo.

Outro que trabalhou com esse conceito à época foi o renomado físico, historiador, linguista, arqueólogo e egiptólogo Cheikh Anta Diop. De forma engenhosa, ele criou sua própria teoria da personalidade africana, que julgava mais científica do que a dos teóricos da negritude francesa.

Para Diop (1956; 1959), existiria uma personalidade africana original, que marcaria o caráter próprio da civilização africana e diaspórica posteriores, cuja origem última estaria na cultura egípcia faraônica e núbia antiga. Suas características primordiais seriam a estrutura matriarcal, a expressão dionisíaca da vida, o idealismo religioso, o coletivismo e o otimismo. Diop acreditava que, a partir da renovação dessa personalidade cultural, seria possível construir os fundamentos de uma futura cultura nacional africana.[1]

Outro historiador relevante nessa discussão foi o burquinabê Joseph Ki-Zerbo, que analisou (1962) o tema da personalidade africana dividindo-o em três partes. As características clássicas dessa personalidade foram definidas na primeira parte da sua obra, de acordo com a realidade histórica e geográfica do continente. Segundo ele, o relativo isolamento e atraso tecnológico, além de uma tradição não codificada (oral) das populações africanas, teria formado uma vida social voltada para o coletivismo, a gerontocracia e a solidariedade. Historicamente, as marcas essenciais da personalidade africana seriam tanto de tendências positivas (anti-individualismo, fraternidade) quanto negativas (tendencialmente autoritárias). Para ele, tal personalidade estaria se perdendo diante da nova realidade africana, excessivamente marcada pelos influxos externos — em particular, os valores do individualismo e da acumulação de dinheiro. Haveria aí, pois, uma contradição em potencial, especialmente para os jovens africanos. Visando superar a situação, Ki-Zerbo aponta para a necessidade de formação de uma nova personalidade e democracia africanas, que pudessem criar uma síntese original dessas duas tendências em prol do desenvolvimento endógeno do continente. Um tema que desenvolveu pelo resto de sua trajetória intelectual.

Segundo Diop (1959), a marca da personalidade africana seria a estrutura matriarcal, a expressão dionisíaca da vida, o idealismo religioso, o coletivismo e o otimismo. Já para Ki-Zerbo (1962), seriam o coletivismo, a gerontocracia e a solidariedade. Ou seja, do ponto de vista histórico e conceitual, a crença no coletivismo africano aproxima essas duas visões historiográficas da personalidade africana — ou seja, a ideia de que, em boa parte da África, em particular a sul-saariana, prevalecia a força da coletividade sobre o individua-

1. De fato, ao destacar as contribuições pioneiras núbias e egípcias, Diop não estava “apenas” apontando para uma unidade fundamental negro-africana. Estava argumentando que a própria civilização seria de origem africana, visto que os egípcios e núbios antigos, como seus principais e primeiros criadores, teriam difundido seus conhecimentos nas sociedades do Antigo Mediterrâneo Oriental. Seu argumento atacava um dos mais consolidados mitos do racismo romântico do século XIX: o de que a origem do “Ocidente” seria a Grécia antiga, supostamente o berço da civilização humana.

lismo. Isso estaria representado em todos os planos da vida social, inclusive no plano do governo das aldeias, que seria mais voltado para a busca do consenso coletivo (Barbosa, 2019).

Na década de 1950, muitos acreditavam que, à medida que se enraizasse nas forças populares, a crença na personalidade africana teria um potencial democratizante na cultura política africana da época. Isso seria importante na África, com suas nações independentes, por duas razões primordiais. Em primeiro lugar, porque contribuiria para criar um contrapoder que se opusesse às novas lideranças africanas, alçadas ao poder de Estado. Em segundo, porque aprofundaria o caráter autônomo das independências políticas, combatendo as forças dominantes europeias que se consolidavam.

Os que defendiam tal assunção à época, portanto, não estavam defendendo uma posição retrógrada, no sentido de que as particularidades africanas poderiam ser assumidas tal qual existiram no mundo antes das conquistas territoriais europeias. Seria a assunção de uma cultura de uma perspectiva dinâmica, vivificada e enraizada nas massas populares. Tal visão, portanto, pretendia projetar a "africanidade" visando à construção de uma modernidade própria.

Emancipar-se

No pós-independência, o conceito de personalidade africana foi retomado por diversos líderes na tentativa de justificar as particularidades do "socialismo africano". Em Gana, por exemplo, o termo tornou-se elemento-chave da doutrina nacional e de sua política externa entre 1957 e 1966. O próprio Nkrumah resgatou o conceito, dando-lhe uma concepção mais ampla nos livros *African personality* [Personalidade africana] (1963) e *Consciencism* [Consciencismo] (1964). Neles, defendeu a personalidade africana como o conjunto de princípios humanistas subjacentes à sociedade africana tradicional, sobretudo por seus valores de cooperação e igualdade, supostamente construídos sobre a moralidade e a cordialidade integrantes das culturas africanas.

Com variações de grau e conteúdo, a ideia de uma personalidade africana foi retomada, por exemplo, por Leopold Sédar Senghor (1906-2001), Nnamdi Azikiwe (1904-1996), Obafemi Awolowo (1909-1987), Mamadou Dia (1910-2009), Modibo Keïta (1915-1977), Tom Mboya (1930-1969), Julius Nyerere (1922-1999), Kenneth Kaunda (1924) e Ahmed Sékou Touré (1922-1984). Em tese, todos partilhavam da crença de que era possível construir uma nova África, modernizando certas particularidades histórico-culturais dos povos africanos — o que era algo central no pensamento e na prática política e lhes dava certo distanciamento das correntes ideológicas europeias mais relevantes da época: o marxismo e o liberalismo. Ou pelo menos lhes parecia dar uma possibilidade nesse sentido. Quais seriam tais características propriamente africanas? O quadro é extenso e costuma variar de autor para autor. Entretanto, alguns temas eram recorrentes: coletivismo, humanismo, papel dos laços familiares e de parentesco, sociabilidade, caráter democrático do governo e do Estado (Barbosa, 2020).

Entre os anos 1960 e 1970, a mesma base teórica deu origem a diferentes doutrinas políticas de líderes e elites que se apoderaram do Estado na era pós-colonial das nações africanas. Em geral, tratava-se de uma perspectiva que intencionava legitimar uma visão unitária, por vezes personalista, do poder político. E é verdade que muitos regimes que professavam o socialismo africano tenderam a reproduzir uma boa dose de autoritarismo, sobretudo entre os defensores da "Autenticidade", que transformaram tal ideia em uma doutrina reacionária, fundamentalista e contrária aos propósitos independentistas africanos, quando foram manipuladas por líderes como Mobutu Sese Seko (1930-1997), no antigo Zaire, e seus seguidores, na Guiné Equatorial, no Gabão e no Togo dos anos 1970.

Todavia, é preciso ver esse fato de forma não anacrônica. Em primeiro lugar, porque existia uma tendência ao autoritarismo em todo o sul global nas décadas de 1960 e 1970 por conta do acirramento da Guerra Fria. Além disso, com as lutas independentistas de algumas nações e outras já independentes na África, esse fenômeno correspondia ao esforço de construção acelerada do Estado-nação e do desenvolvimento econômico para consolidar uma emancipação política de fato. Algo que explica por que se tendia mais à homogeneização social do que à diversidade (regional, étnica, de gênero, de classe, linguística, racial, cultural). Nesse aspecto, a experiência africana foi similar à de outras regiões do mundo que também enfrentaram tal desafio.

Por outro lado, deve-se atentar para as diferenças observáveis nos regimes derivados dessa herança teórica e política. Do contrário, recai-se na esparrela de acreditar que "tudo era a mesma coisa"; típica dos comentários generalizantes e racistas sobre a África. Por exemplo, o governo de Julius Nyerere, na Tanzânia (1962-1985), não pode ser considerado um fenômeno autoritário para os padrões da época — fato que é, em geral, admitido até mesmo por seus adversários. E aqui se trata de um caso relevante, porque Nyerere foi um dos líderes que mais se empenharam na construção de uma teoria e de uma doutrina política do socialismo africano (Barbosa, 2020).

Nyerere foi um homem político e intelectual. A originalidade de sua contribuição ao pensamento africano pode ser observada nos escritos das décadas de 1960 e 1970, como *Liberdade e socialismo* (1967), *Liberdade e desenvolvimento* (1974) e *Ujamaa, ensaios sobre o socialismo* (1977). O cerne está na caracterização do conceito de *self-reliance*.[2] Talvez não haja uma tradução perfeita do termo para o português. Costuma-se traduzi-lo por autossuficiência, mas não é exatamente isso. Outras traduções possíveis são regeneração, autossustentação ou mesmo autonomia. Todavia, não existe nenhum dos dois sem autoconfiança, que é abarcada pela palavra original. Ou seja, vale lembrar dos quatro sentidos mencionados: autossuficiência, autonomia, regeneração, autoconfiança. Sumariamente, pode-se dizer que *self-reliance* é o ato de existir a partir das suas próprias forças e recursos.

A Declaração de Arusha na Tanzânia, em 1967, trouxe a noção de *self-reliance* para o primeiro plano da política internacional, pois era a essência do socialismo africano que estava ali sendo proclamado. Desde então, para Nyerere, a Tanzânia tentaria se regenerar a partir de si própria, com confiança em seu povo, e a partir de suas forças e seus recursos internos, tendo em conta sua história e seus valores. Segundo ele, tal empreitada passava pela reconstrução da Ujamaa — "casa familiar" ou "irmandade", em língua suaíli (ou kiswahili) — como eixo da vida social no campo. Sucintamente, o projeto pretendia consolidar a vida comunitária e coletivista nas aldeias, em vez de buscar o caminho urbano-industrial ocidental.

No entanto, não se tratava apenas de retomar o que antes existia, sobretudo advindo da tradição local quicuia (kikuyu). Nyerere queria aprofundar o conteúdo democrático, produtivo e socialista da Ujamaa. Daí sua ênfase na

---

2. O conceito de *self-reliance* foi introduzido em 1841 em obra homônima do filósofo transcendentalista americano Ralph Waldo Emerson (1803-1882).

educação. Afinal, para ele, esse seria o meio pelo qual os camponeses, homens e mulheres, jovens e adultos, ganhariam *self-reliance* em relação aos líderes de suas coletividades — na maioria, gerontocrática e patriarcal — e aos administradores políticos dessas coletividades, integrantes ou ligados ao partido único nacional, a União Nacional Africana do Tanganica (Tanu).

Não é nossa intenção aqui discutir as avaliações posteriores e de época sobre a experiência tanzaniana. No entanto, cabe destacar uma reflexão no campo das ideias que remonta ao debate sobre a viabilidade do socialismo africano e das características do que seria uma democracia propriamente africana.

Já na década de 1970, logo após a Declaração de Arusha, começaram a surgir os críticos à ideia do socialismo africano que ali se pretendia construir. No campo da esquerda e do pan-africanismo, que eram os mais inteirados da realidade tanzaniana, o âmago da querela se referia ao caráter "socialista" do que estava ocorrendo. Afinal, que tipo de socialismo seria o socialismo africano de Nyerere? Alguns defendiam tal característica tendo em conta sua especificidade — em última instância, a especificidade de todo o socialismo. Outros podiam até admitir a relevância dessa experiência de transformação social, mas negavam seu conteúdo revolucionário ou mesmo socialista, uma vez que ali não teria sido colocado adequadamente o problema das classes sociais e da luta de classes. Nesse último caso, os intelectuais próximos do marxismo eram os mais enfáticos (Barbosa, 2020).

Seja como for, existia certa aceitação de que o caso tanzaniano era um oásis de democracia dentro de um mar de anti-intelectualismo e autoritarismo reinante em toda a África nos anos 1960 e 1970, inclusive nos governos que se diziam democráticos e/ou socialistas africanos.

Uma forma engenhosa de analisar esse fato, para além de seus vínculos com os embates da Guerra Fria, veio de intelectuais que se tornaram críticos da ocidentalização excessiva a que o continente estaria sucumbindo entre as décadas de 1960 e 1970. Um dos pioneiros nesse sentido foi Frantz Fanon, que em *Os condenados da terra* (1961) aponta os problemas políticos, culturais e psicotraumáticos desse processo. Mas foi nos anos 1970 que tal crítica foi ampliada e, muitas vezes, aprofundada, a fim de problematizar os dilemas culturais e sociais africanos.

Esse foi o objetivo, por exemplo, do malinês Amadou Hampâté Bâ (1899-1991). Bâ foi, sem dúvida, um profundo conhecedor das culturas ancestrais africanas e tornou-se mundialmente reconhecido por isso. Munido de tal experiência e saber, ele acreditava que o dilema africano, antes de ser político ou econômico, era cultural. Seria o dilema de uma África nascente, urbana e ocidentalizada, que se colocaria contra suas raízes rurais e ancestrais. Por esse caminho, dizia ele, teria sido reproduzido o domínio do urbano sobre o rural, da ocidentalização sobre o que era africano, dos homens sobre as mulheres, do dinheiro e da mercadoria sobre o produto, da escrita sobre a palavra (Bâ, 1989). Edward Blyden não teria dito melhor. Assim como ele, Bâ não foi um intelectual resignado, pois acreditava na possibilidade de haver um retorno às fontes. No entanto, isso teria de ser feito rapidamente, antes que fosse tarde. Na verdade, continua ele, esse não seria um dilema propriamente africano, mas mundial, visto que a ocidentalização capitalista estaria se difundindo globalmente.

Mais pragmaticamente, outros intelectuais apontaram para a mesma direção à época. É o que se pode observar no trabalho de historiadores, sociólogos, antropólogos e cientistas políticos de destaque na África do período, como Jacob F. A. Ajayi (1929-2014), Joseph Ki-Zerbo (1922-2006), Bethwelll Ogot (1929), Boubou Hama (1906-1982), Bassey Andah (1942-1997), Chinweizu Ibekwe (1943), Claude Ake (1939-1996), Archie Mafeje (1936-2007) e Ali Mazrui (1933-2014). Em geral, eles acreditavam que a construção do Estado-nação na África estava se fazendo de forma autoritária, homogeneizadora e ocidentalizante. Ou seja, apesar de toda a retórica, não se estariam construindo de fato caminhos próprios, ancorados na história, nas instituições, nas tradições e nas culturas dos povos do continente, sobretudo a partir das características que, a seu modo, eram potencialmente democráticas e solidárias.

Ademais, não se conheciam os sistemas interafricanos de trocas e complementaridades econômicas, que se constituiriam para além dos Estados e das fronteiras estabelecidas. Assim, na tentativa de modernizar seus países, os governantes estariam se “esquecendo” da África profunda. Algo ainda mais problemático em países com ampla diversidade cultural, linguística e étnica, como a Nigéria ou a República do Congo.

Para eles, portanto, o socialismo africano teria sido mais uma doutrina política — visando à dominação social — do que uma autêntica diretriz social. Em suma, a falha não estaria tanto em suas premissas teóricas, mas no fato de terem sido apenas isso. Nesse particular, Nyerere era uma honrosa exceção.

Nos anos 1970, essa percepção vai se transpondo para os âmbitos da cultura intelectual, em que era possível fazê-lo sem risco de vida. Ia-se da literatura crítica de um Chinua Achebe (1930-2013) à musicalidade radical e original de um Fela Kuti (1938-1997). Não por acaso, ambos na Nigéria, um dos países africanos com maior condição estrutural para se desenvolver, mas que não conseguiu fazê-lo — ao contrário, ainda enfrentou um conflito separatista sanguinolento e fratricida à época: a Guerra de Biafra (1967-1970).

No entanto, a verdade é que a situação piorou sobremaneira para o continente africano nos anos 1980 e 1990. Até então, independentemente do regime adotado, em virtude de um momento favorável da economia mundial (1945-1973), os países africanos conseguiram manter certa margem constante de desenvolvimento econômico. Isso, vale dizer, em um cenário difícil, com a progressão da Guerra Fria e o aumento populacional no continente, que triplicou a demografia de muitos países entre 1950 e 1990. No entanto, com a queda de preços das *commodities* e a crise da dívida externa, a África foi jogada nos braços do neoliberalismo, na medida em que se via obrigada a aceitar os novos programas de ajuste fiscal do Banco Mundial e do Fundo Monetário Internacional (FMI) para que pudesse receber novos empréstimos internacionais. Em tais circunstâncias, em menos de dez anos, entre 1973 e 1983, o sonho de uma África desenvolvida foi enterrado. E ali se iniciou a tragédia social do continente, consolidada nas duas últimas décadas do século passado — revertendo boa parte dos melhoramentos concretos e das expectativas criadas anteriormente.

Endogenia e democracia africana

A crise dos anos 1980 e 1990 tirou uma parcela considerável da legitimidade do poder de Estado por toda a África. Isso teve consequências majoritariamente negativas, mas também uma positiva. Do primeiro ponto de vista, percebeu-se que, quanto mais desaparecia o Estado, mais as comunidades étnicas e religiosas se fortaleciam e passavam a ser, muitas vezes, os grupos sociais primordiais das sociedades; mais se propagavam doenças como a malária e a aids; mais as guerras civis e as intervenções externas se difundiam. Em suma, mais o subdesenvolvimento reinava.

Por outro lado, a crise do Estado, pelo menos em sua forma autoritária, fez renascer o ideal democrático — em grande parte, por conta da pressão dos jovens e das mulheres, cada vez mais presentes no campo político. Nos anos 1980 e 1990, houve um movimento genuinamente popular de democratização social no continente, que lutava por empoderamento e melhorias materiais na qualidade de vida das pessoas comuns (Ake, 1993). E o grande símbolo desse movimento foi o fim do apartheid na África do Sul, em 1994. Como isso era algo desejado por muitos intelectuais africanos desde a década de 1970, tal fenômeno social foi em geral celebrado.

Já na década de 1980, porém, começaram a surgir as primeiras problematizações de como aquele processo estava ocorrendo na África. O ponto primordial da crítica era de que o movimento de democratização social estava sendo sequestrado pela agenda neoliberal, a qual vinha se impondo ao continente, pregando a adoção da democracia liberal como uma condição necessária para que um país africano fosse visto como de "boa governança", ou seja, um parceiro confiável do mercado internacional. Por conta disso, como disse Claude Ake (2000), entre outros, em vez de construírem democracias africanas, estariam construindo democracias liberais na África.

Olhando retrospectivamente, é difícil discordar de tal análise. Em linhas gerais, pode-se dizer que a percepção de tal fato teve dois efeitos práticos no campo intelectual africano.

Primeiro, estimulou a produção de inúmeros estudos mais empíricos em torno da democratização nos países africanos. Nesse sentido, boa parte da sociologia e da ciência política dos anos 1980 e 1990 estava associada direta ou indiretamente ao tema, com pesquisas sobre: a) a propagação da democracia liberal e o pluripartidarismo; b) o ressurgimento do poder das autoridades tradicionais, da religião e do pertencimento étnico; c) o nascimento de uma nova sociedade civil africana, em grande porção ancorada nas organizações não governamentais (ONGs) e no papel ativo das mulheres e dos jovens africanos; d) a trajetória dos movimentos sociais; e) as relações que iam se estabelecendo entre o direito positivo, o direito costumeiro e o direito consuetudinário.[3]

3. Para uma atualização introdutória sobre a temática da democracia e do Estado na África, ver, entre outros, Codesria (2007).

Ao mesmo tempo, impulsionou uma onda de estudos mais radicais que postulavam formas alternativas de pensar as ciências humanas e sociais africanas na África e fora dela, aprofundando o viés endógeno do trabalho ali realizado, como propuseram, de enfoques diferentes, autores e autoras como Claude Ake (1982; 2000), Molefi Asante (1980; 1989; 1990), Ife Amadiume (1987), Issa Shijvi (1989), Paulin Hountondji (1994), Oyeronke Oyewùmí (1997), Kwame Gyekye (1994), Archie Mafeje (2000), Samuel Ekanem (2006), Akin Mabogunje (2000), Paul T. Zeleza (2006), Lansana Keita (2011), Dani Nabudare (2011) e Bas'llele Malomalo (2020).

O que esses intelectuais têm buscado demonstrar é que pensar a África cientificamente implicaria uma visão endógena sobre as questões a ser debatidas e pesquisadas (Adésínà, 2006). Eles subentendem que não se trata mais de copiar a interpretação externa, testando-a empiricamente no continente, mas de pensar como os próprios povos e as sociedades africanas colocam as questões que precisam ser pensadas e equacionadas do ponto de vista científico. Em nossa definição, são perspectivas pós-eurocêntricas sobre o tema. Afinal, em última instância, a África não teria suas próprias concepções de direitos humanos, de democracia, de política, de tecnologia, de gênero etc. que poderiam embasar e projetar a formação de uma nova África? Se sim, seria realmente necessário copiar modelos externos de desenvolvimento e democracia?

Em nossa opinião, é pela segunda perspectiva, mais endógena, que surgiram os desafios mais interessantes de como se poderia repensar a questão da democracia na África — entre outras. Nesse sentido, faz-se necessário retomar as observações clássicas do cientista político nigeriano Claude Ake (2000).

Entre as décadas de 1980 e 1990, Ake construiu um argumento sólido sobre o tema, afirmando que a democracia liberal, por sua gênese (europeia e burguesa) e sua característica primordial (representativa), estava longe de ser uma alternativa real para a África, ainda fortemente marcada por sua ruralidade; e, em consequência, por sua tendência ao comunalismo milenar do mundo das aldeias. Em grande parte, segundo ele, seria melhor uma democracia com características mais participativas do que a democracia liberal, "moderna", na medida em que ali se respeitaria a diversidade e a pluralidade como parte do processo de conquista do consenso coletivo. Sendo assim, dizia ele, o desafio seria recriar democracias africanas a partir de seus próprios contextos sociais e culturais. Em suas palavras:

> A democracia deve ser recriada no contexto das realidades dadas e em arranjos políticos que se ajustam ao contexto cultural, mas sem sacrificar seus valores e princípios inerentes. Na África, é provável que esse ajuste acarrete, entre outras coisas, um arranjo comunal com os grupos étnicos, nacionalidades e comunidades como constituintes de representação. Isso criaria um sistema altamente descentralizado de governo, com igual ênfase no indivíduo e nos direitos comunais.
>
> Uma democracia africana original não será algo que surgirá de uma sacada racionalista: surgirá da experiência prática e improvisação no decorrer de uma luta difícil. O processo em direção à democracia deve ser moldado pela realidade singular da participação democrática das pessoas comuns da África; muitos são analfabetos, e quase todos são pobres, rurais, moradores de uma sociedade essencialmente pré-industrial e comunal. Esse fato precisa ser mantido firmemente em foco para que a democracia possa evoluir a fim de melhorar seu significado e dar-lhe profundidade e sustentabilidade. (Ake, 1993, p. 244, tradução nossa)

É importante destacar que essas colocações de Ake (1993) são dos anos 1990. E que, desde então, a África tornou-se mais urbanizada e capitalista, o que em nossa opinião dissolve parte da força do argumento do autor, alicerçado sobre o viés rural das sociedades africanas. No entanto, a questão fundamental não é esta. É sua busca consciente de uma visão e projeção endógenas do conhecimento. Desde que se tenha clareza desse posicionamento, novas questões continuarão a ser colocadas, estimulando o caráter científico e a relevância política do pensamento africano contemporâneo. Afinal, as populações africanas, ainda que hoje majoritariamente urbanas, continuam a ser precariamente incorporadas à democracia liberal, oficial.

Como vimos, as premissas de Ake (1993) remontam a uma tradição maior do pensamento africano contemporâneo que, desde Blyden (entre outros), busca projetar uma democracia propriamente africana como um dos elementos fundamentais para a formação de uma nova África, moderna a seu modo. Uma projeção que dependeria, em última instância, da elaboração criativa e original de uma nova institucionalidade organizativa.

Mas vale lembrar que o argumento colocado pela tradição intelectual é mais amplo. Não se trata “apenas” de reinventar a democracia de uma perspectiva endógena. Seria preciso reinventar o desenvolvimento, os direitos humanos, o Estado, o federalismo (tendo em conta os desafios integrativos da União

Africana), as relações de gênero etc. Aliás, não apenas na África, mas em todo o sul global. Em princípio, tudo pode estar por se construir, desde que nos libertemos do eurocentrismo dominante.

Vale ressaltar que, apesar do que foi dito e exemplificado, seria errôneo afirmar que, do ponto de vista quantitativo, tal tendência endógena — pós-eurocêntrica — seja atualmente a majoritária no campo acadêmico africano. Ao contrário, como em qualquer outra parte do mundo, dada a força da divisão internacional do trabalho acadêmico, também na África a mera reprodução das tradições disciplinares eurocêntricas continua sendo algo hegemônico. No entanto, como vimos, aqui se daria ênfase aos que se rebelaram contra tal fato. E, ao fazê-lo, dentro de premissas científicas do conhecimento, qualificaram o trabalho das ciências humanas e sociais no continente.

Por essa exposição sucinta vê-se que não há ingenuidade do pensamento africano contemporâneo acerca das premissas ideológicas do eurocentrismo e do neocolonialismo de ontem e de hoje, em sua roupagem neoliberal atual (mercado + democracia liberal). Contra estes é preciso ousar, reinventar, descobrir. E, além disso, criar alternativas práticas que não apenas resistam ao poder hegemônico, mas que possam ser potencializadas como utopias concretas a ser realizadas nacionalmente ou, quiçá, além (regional ou continentalmente). Nesse ponto, coloca-se o problema da práxis política, que vai para além do debate aqui analisado.

Referências bibliográficas

ADÉSÍNÀ, Olújìmí (Jimi). "Sociology, endogeneity and the challenges of transformation". *African Sociological Review*, v. 10, n. 2, 2006, p. 133-50.

ADI, Hakim; SHERWOOD, Marika. *Pan-african history*: political figures from Africa and the diaspora since 1787. Londres: Routledge, 2003.

AKE, Claude. *The feasibility of democracy in Africa*. Dacar: Codesria, 2000.

______. *Social science as imperialism*. Ibadan: Ibadan University Press, 1982.

______. "The unique case of African democracy". *International Affairs*, v. 69, n. 2, abr. 1993, p. 239-44.

AMADIUME, Ife. *Male daughters, female husbands*: gender and sex in an African society. Londres: Zed Books, 1987.

ASANTE, Molefi. K. *Afrocentricity*: the theory of social change. Buffalo, Nova York: Amulefi, 1980.

______. *Kemet, Afrocentricity and knowledge*. Trenton: Africa World Press, 1990.

______. *The Afrocentric idea*. Filadélfia: Temple University Press, 1987.

BÃ, Amadou H. "Civilizações". In: *Entrevistas do Le Monde Diplomatique*. São Paulo: Ática, 1989, p. 146.

BARBOSA, Muryatan S. *A razão africana*: breve história do pensamento africano contemporâneo. São Paulo: Todavia, 2020.

______. "O debate pan-africanista na revista *Présence Africaine* (1956-1963)". *História* (São Paulo), v. 38, 2019, p. 1-21. Disponível em: https://www.scielo.br/j/his/a/kPzDXn3xS9jDHtpzmr9JpfH/?lang=pt. Acesso em: 2 fev. 2021.

BLYDEN, Edward. "African life and customs". In: WILSON, Henry S. (org.). *Origins of west African nationalism*. Londres: Macmillan, 1969.

CODESRIA. *Repenser l'Etat et la démocratie en Afrique*. Bibliographie, 2007. Disponível em: http://www.codesria.org/IMG/pdf/2007_Repenser_l_Etat_et_la_democratie_en_Afrique.pdf. Acesso em: 12 fev. 2021.

DIOP, Cheikh A. "African cultural unity". *Présence Africaine*, n. 24-5, fev.-maio, 1959.

______. "The cultural contributions and prospects of Africa". *Présence Africaine*, n. 8-10, jun.-nov. 1956.

EKANEM, Samuel A. "African philosophy and development: a contemporary perspective". *Sophia: An African Journal of Philosophy*, v. 9, n. 1, 2006, p. 85-90.

GYEGYE, Kwame. "Taking development seriously". *Journal of Applied Philosophy*, v. 11, n. 1, 1994, p. 45-56.

HOUTONDJI, Paulin J. (org.). *Les savoirs endogènes*: pistes pour une recherche. Dacar: Codesria, 1994.

KEITA, Lansana (org.). *Philosophy and African development*: theory and practice. Dacar: Codesria, 2011.

KI-ZERBO, Joseph. "The negro-African personality". *Présence Africaine*, v. 41, n. 13, 1962.

MABOGUNJE, Akin L. G. "Institutional radicalization, the state, and the development process in Africa". *Proceedings of the National Academy of Sciences*, v. 97, n. 25, 2000, p. 14007-14.

MAFEJE, Archie. "Africanity: a combative ontology", *Codesria Bulletin*, n. 1, 2000, p. 67.

MALOMALO, Bas'llele. "A justiça teórico-política ao matriarcado para se pensar a África contemporânea". *Revista ABPN*, v. 12, 2020, p. 48-71.

NABUDARE, Dan. *Afrikology, philosophy and wholeness*: an epistemology. Pretória: Africa Institute of South Africa, 2011.

OYEWÙMI, Oyeronke. *The invention of women*: making an African sense of western gender discourse. Mineápolis, Minnesota: University of Minnesota Press, 1997.

SHIVJI, Issa. *The concept of human rights in Africa*. Dacar: Codesria, 1989.

WILSON, Henry S. (org.). *Origins of west African nationalism*. Londres: Macmillan, 1969.

ZELEZA, Paul T. "The disciplinary, interdisciplinary and global dimensions of African studies". *International Journal of African Renaissance Studies — Multi-, Inter- and Transdisciplinarity*, v. 1, n. 2, 2006, p. 195-220.

4. Maât-Ubuntu como paradigma para pensar a unidade, a diversidade e a emancipação africanas

Bas'Ilele Malomalo

Seguindo o princípio de dividir para reinar, os dominadores europeus têm insistido em interpretar as culturas africanas somente sob a óptica da sua diversidade. Na sua luta pela emancipação da África, Cheikh Anta Diop, como sujeito que tinha vivenciado a opressão da conquista europeia, insistiu, em muito, na tese da unidade cultural africana.

Diga-se de passagem, diferentemente do que muitos dos seus críticos o acusam, por defender a tese da unidade africana, Diop (2000) nunca adotou uma postura cega de não reconhecer as particularidades culturais existentes — e isso não somente no seu país natal, Senegal, mas igualmente em outras nações africanas antes ou depois das conquistas a que foram submetidas.

Este capítulo, inspirando-se nos trabalhos de Diop e da escola de egiptologia africana deixados por ele (Diop, 2000; Ankn, 2021), defende a tese da unidade e diversidade cultural africana. Demonstra-a por meio das categorias de Maât e Ubuntu, tais como tratadas pelos estudiosos africanos Bilolo, Obenga, Ramose e Ntumba, e, com isso, (re)afirma a filosofia africana como o paradigma de emancipação civilizatório do mundo que agoniza por causa do capitalismo extrativista (Malomalo, 2019c).

Divido este texto em três partes. A primeira aborda a temática da unidade e diversidade cultural africana. A segunda discute a relação entre as cosmopercepções de Noun, Maât e Ubuntu como proposta de descolonização teórica. Na última parte, retomo as conclusões que formulei em meu trabalho "Epistemologia do Ntu: Ubuntu, bisoidade, macumba, batuque e 'x' africana" (2018).

Desde já informo que não mudei muitos aspectos desse artigo por considerar que suas reflexões continuam válidas no contexto atual que motiva a escrita deste capítulo.

Unidade e diversidade cultural africana

A tese da unidade cultural africana não é ficção científica. É um fato histórico cientificamente comprovado. Por ser transdisciplinar, a metodologia adotada por Diop (1981) é a mais convincente. A tese defendida sempre coloca a África como berço da humanidade ou pátria do homem, como alega Ki-Zerbo (2010).

Os africanos tiveram o privilégio de formar a espécie humana pelo fato de o continente, que viria a ser chamado de África, do ponto de vista climático e ambiental, do seu ecossistema e de sua geografia, ter propiciado as melhores condições para seu surgimento (Diop, 1981; M'Bokolo, 2009).

O *Homo sapiens sapiens* — como Carlos Moore (2007) adora salientar, *Homo sapiens* e de consciência — surgiu no Vale do Omo, território que fica entre o Quênia e a Etiópia, ocupou o Nilo e foi o responsável pela construção das grandes civilizações que a humanidade já teve: as civilizações núbia e egípcia/kamita (Diop, 1981; M'Bokolo, 2009).

Sabemos que seus construtores eram negros. Além disso, sabemos também que a Núbia foi o primeiro Estado do mundo e que os egípcios são descendentes de núbios. Ou seja, estes migraram do sul do Egito/Kmt, onde fica o atual Sudão, para o norte do continente, formando o Egito antigo (Diop, 1981; 2003).

É preciso recordar, conforme Diop (1981), que por muito tempo as diversas culturas africanas que conhecemos hoje foram forjadas, na Antiguidade, no Vale do Nilo — portanto, nos territórios que cobrem uma parte da Etiópia e do Quênia (Vale do Omo), Núbia e Egito. Ademais, foram as migrações internas que corroboraram a emergência da diversidade cultural africana. Tudo isso porque, quando aumentavam em número, os primeiros negros a habitar o continente se dividiam e novos subgrupos ocupavam novos territórios (Olderogge, 2010).

Nesse processo, a matriz cultural primária e endógena da África ficou impregnada nas diversas práticas culturais de seus povos e nações. Os estudos desenvolvidos pelos egiptólogos africanos destacam uma unidade linguística e cultural entre a língua do Egito faraônico e o copta e o wolof (Diop, 1981); entre o egípcio antigo, o copta e outras línguas negro-africanas (Obenga, 1993); e entre o egípcio antigo, o copta e a língua luba, falada na República Democrática do Congo (Bilolo, 2011).

Ao defender o CiKam como a matriz cultural egípcia que sobreviveu no continente africano — e isso até no coração do continente —, Bilolo (2011) vem corroborando a tese da unidade cultural africana defendida por Diop desde a década de 1950 e por Obenga nos anos 1990 — como se verifica no sufixo *Kam*, que remete a *Kmtyu*, pretos, nome que davam a si mesmos os antigos habitantes do Egito antigo.

> – o faraônico, o egípcio antigo e o copta, egípcio afinal, são uma única língua: o egípcio;
>
> – o mbochi, o kikongo e o luganda são línguas bantus modernas que continuam sendo uma mesma língua predialectal, o pro-bantu.
>
> – o egípcio e o pro-bantu remetem a uma mesma fonte, o negro-egípcio.
>
> [...] o bantu está ligado, pela origem, igualmente ao benuê (benuê-congo), às línguas oeste-africanas (Níger-Congo).
>
> [...] o faraônico, o copta, o couchitico, o nilótico, o kordofaniano, o bantu, o Níger-Congo (bantu, oeste-atlântico, mande, voltaica, kwa, benuê-congo, nil-sahara, krio etc.) são todos aparentados geneticamente. O egípcio antigo ou faraônico desempenhou aqui o papel do sânscrito no quadro do indo-europeu.
>
> Assim nasceu na África uma linguística histórica africana, o que enriqueceu a linguística geral.
>
> Assim aparece a profundeza temporal, histórica das línguas negro-africanas. Do que nem suspeitavam as descrições padronizadas habituais.
>
> Assim a unidade cultural dos povos da África, do Senegal à Somália, do Vale do Nilo à Zambézia, do Beni ao Meroê, tem por fundamento concreto o profundo parentesco genético das línguas faladas pelos povos da África outrora e sempre, ontem e hoje. (Obenga, 1993, p. 248-9; tradução nossa)

Portanto, o CiKam de Bilolo (2011) é, no novo milênio, a redescoberta que explicita esse achado de Obenga feito nos anos 1990 do século XX: “O egípcio e o pró-bantu remetem a uma mesma fonte, o negro-egípcio” (Obenga, 1993, p. 248).

Conforme Isac Issiaka-P. Latoundji Lalèlê (2015), é possível estudar essa unidade e diversidade cultural usando o dispositivo teórico de zonas culturais. Ademais, na escola de egiptologia diopiana, adota-se a combinação entre a linguística histórica e a antropologia, a sociologia, a arqueologia e a química para comprovar a tese da unidade étnico-racial e cultural africana (Diop, 1981; 1975).

Moore (2005, p. 17) nos avisa que "a complexidade social, aliada à massividade e à extrema diversidade ecogeográfica do continente africano, impõe a necessidade de enxergá-lo analiticamente por meio da noção 'espaço civilizatório' como lócus das inter-relações fundantes da sociedade".

O autor prossegue afirmando que, quando se levam em conta as considerações que aliam tanto a identificação das continuidades geo-linguístico-culturais atuais como as delimitações de espaços político-culturais antigos, podem ser definidos quinze grandes espaços civilizatórios africanos surgidos de uma evolução humana que parte do período neolítico (10.000 a.C.): núbio-egípcio-kushita; etíope-somálio-axumita; ugando-ruando-burundês; tanzano-queniano; zimbábuo-moçambicano; botswano-azaniano; madagasco-comoriense; namíbio-zambiano; congo-angolano; nígero-camaronês; ganeo-burquino-marfinense; senegalo-guineo-maliense; mauritano-saeliano; marroco-numídio-cartaginês; chado-líbio.

Defendemos até aqui, em primeiro lugar, a unidade étnico-racial e cultural africana com base em Diop (1981; 2003). Em outro momento, destacamos a diversidade étnico-racial e cultural do continente. Dito em outras palavras, antes das misturas étnico-raciais com povos estrangeiros não negros, os povos que formavam a África eram negros. Além disso, desde a Antiguidade, tem-se compartilhado uma matriz cultural africana comum.

Em seus estudos, Diop (1975) mostrou a pigmentação negra dos egípcios por meio de iconografia e de testes de carbono-14. Ele defendeu que a diferenciação étnico-racial da humanidade na Europa deu-se entre 20 mil e 10 mil antes da nossa era. A aparição do Cro-Magnon (na França Meridional), protótipo das populações leucodérmicas (brancas), ocorreu nos anos 20 mil antes da nossa era.

A unidade cultural foi mostrada igualmente por Diop (1975; 1981; 1982) e seus discípulos (Diop, 1975; 1981) analisando determinadas práticas culturais: circuncisão, matriarcado, estrutura de realeza, parentesco linguístico.

No que diz respeito à diversidade étnico-racial e cultural africana, é necessário afirmar que se trata de fenômenos históricos. Como já foi sustentado, a espécie primária do *Homo sapiens sapiens* que habita e estrutura culturalmente as sociedades africanas é a negra. Do Egito, passando pelo Sudão atual até a África do Sul — ou seja, em todos os seus quadrantes —, moraram os povos negros. Encontram-se, na história da África, na Idade Antiga, Medieval, Moderna e Contemporânea, a presença de alguns povos não negros invasores: hicsos, persas, gregos, romanos, árabes que ocuparam o Egito e a Etiópia (Diop, 1981).

Duas dominações estrangeiras da África pelos povos não negros merecem destaque. A primeira, iniciada no século VII, foi a árabe-muçulmana e otomana na parte setentrional, ocidental e oriental da África. A segunda foi a europeia, que se iniciou no século XV, teve efeitos perversos durante a conquista territorial no século XIX e se encerrou no final da metade do século XX (Moore, 2005, 2007; Diop, 1981).

Portanto, os fenômenos históricos de islamo-arabização e europeização-cristianização das sociedades africanas devem ser levados em conta para se compreender a diversidade étnico-racial e cultural hoje presente no continente africano. Ou seja, a África é, como muitos continentes que foram dominados e colonizados, um território de mestiçagem étnico-racial e cultural. Essa mestiçagem varia de uma região para outra (Wederbun, 2005; Moore, 2007; Diop, 1981).

A África submetida à dominação imperialista e colonial, por meio de suas resistências, tem buscado definir uma identidade (Ki-Zerbo, 2006). Alguns autores, como Senghor (Diagne, 2014), apostaram na mestiçagem como saída; outros, como Diop (1981), têm investido no diálogo com seu passado histórico e cultural. O Egito antigo, para esse autor, seria o ponto de partida para a construção de uma identidade contemporânea africana.

Passados os debates teóricos e políticos que antecederam as independências políticas africanas, no século XXI a África continua se afirmando como território da unidade e diversidade étnico-racial e cultural. Do ponto de vista étnico-racial, os negros continuam sendo a maioria, o que não impede de reconhecer a presença de uma minoria não negra oriunda dos processos de invasões históricas e de migrações. As nações do Norte da África (Argélia, Tunísia, Marrocos, Líbia, Egito) têm uma população significativa não negra devido às invasões muçulmanas que ocorreram desde o século VII.

Encontram-se igualmente, em algumas nações da África Austral — por exemplo, África do Sul, Moçambique, Zimbábue, Angola —, minorias brancas europeias cuja presença decorre dos processos de conquista que se iniciaram, do ponto de vista da história africana de longa duração, no século XV. Do nosso ponto de vista, a Conferência de Berlim, ocorrida no século XIX, concretizou o plano nefasto dos brancos europeus de dominar os povos africanos e apropriar-se de suas terras (Moore, 2007; Ki-Zerbo, 2006).

Maât-Ubuntu como proposta de descolonização teórica

Fazemos parte de um grupo de intelectuais africanos que pensam que a emancipação africana deve partir de suas culturas locais. Nesse sentido é que elegemos Maât e Ubuntu como duas categorias filosóficas africanas que atestam a tese da unidade e diversidade no que diz respeito às cosmopercepções africanas.

Ubuntu, como defende Ramose (2011), é a categoria ontológica e epistemológica da filosofia africana.

> *Ubuntu* é um gerundivo (*gerundive*) abstrato que exprime a filosofia praticada pelos povos da África falantes do bantu. Ele compartilha o caráter de gerundivo (*gerundive*) — isto é, a ideia de tornar-se, Ser (*be-ing*) e ser como manifestações do movimento como princípio do Ser-(*be-ing*) — com os verbos egípcios antigos, wnn (unen) "existir", d d (djed) "ser estável", "durável" e hpr (kheper) "tornar-se" (Obenga, 2004, p. 37-9). Como os antigos verbos egípcios referidos, a concepção filosófica *Ubuntu* do mundo é que as "coisas não têm a fixidez e inflexibilidade que acreditamos que elas tenham. As coisas são mutáveis e em movimento na Terra, no Céu, embaixo d'água etc. A Terra e o Céu, eles mesmos se movem" [...]. (Ramose, 2011, p. 17)

Uma das primeiras pistas que se percebem na sentença de Ramose referente à unidade cultural africana é que a cosmopercepção negro-africana se assenta na filosofia do devir. Como diria Ntumba (2014), tudo aqui é processual. Ubuntu é visto como Ser-Sendo (Ramose, 2011).

Diagne (2014) acrescenta outro elemento, definindo a filosofia africana dos autores que trabalham nessa perspectiva como a filosofia africana da força vital; nós a denominamos filosofia africana do Ntu: a Energia ou Vida-em-Plenitude-Sempre-em-Movimento, ou seja, o processual do Biso-Cósmico (Malomalo, 2018, 2019). É preciso, na mesma linha, considerar igualmente a filosofia do Axé: o princípio gerador de todas as formas de vida entre os iorubás (Sodré, 2017), e do Kalunga da cosmopercepção do povo kôngo (povos situados no Gabão, no Congo, na República Democrática do Congo e em Angola) — o Infinito, o Ser-Autogestado do qual emanam todos os outros seres existentes (Fu-Kiau, 1980; Faik-Nzuji, 2000).

Para Obenga (1990), a compreensão da filosofia africana egípcia passa pela consideração de duas teorias complementares, a do Noun e a da Maât. Tudo isso porque, para ela, Maât, como a ordem de valores, orienta o Noun, que é a esfera da existência do Ser.

> A Maât é da ordem do "como é preciso ser o mundo", enquanto o Noun é da ordem "do que a partir do qual" o mundo se tornou o que é: o cosmos imenso e a humanidade do planeta Terra, a estrutura primordial, com todas as suas nervuras essenciais e a invenção do conhecimento de si que não anda sem o do dever. Tal é o embasamento original da filosofia faraônica [...], na qual o Noun traduz a noção da matéria operante, a Maât representa, em hieróglifo, o perfeito, a noção elevada da perfeição moral. Matéria dinâmica e viva, o Noun é a essência de todas as coisas, e criada por si mesma; a passagem do não-ser ao ser, passagem arejada do "antes" ao "depois", quer dizer passagem da insônia à consciência e ao despertar da razão que, pelo verbo, nomeia, desenha, classifica, ordena, comanda, breve faz ser. Tipo de harmonia preestabelecida no plano cósmico, a Maât, que é a Ordem-Verdade-Justiça, Felicidade suprema, convida o homem e a sociedade a fazer e a dizer, a pensar e a agir, a viver e a morrer conforme o verdadeiro, o normal, a justiça do meio, conforme a virtude, com tudo que essa palavra implica, na mentalidade negro-egípcia, do hierárquico, do tradicional e do transcendente, do imperativo do absoluto". (Obenga, 1990, p. 510, tradução nossa)

Na busca da relação entre a finalidade ético-normativa e a finalidade cognitiva, Bassong (2011, p. 32-3, tradução nossa) faz observar que:

> Todas as instituições na África visam à conspiração da Desordem e à restauração da Maât. A sociologia "clássica" tinha a ambição de evacuar, por todos os

meios, o sagrado africano da lógica racional, deixando de lado a finalidade que deu sentido à realidade.

Desta forma, o pensamento dominante não entendeu totalmente a aposta do sagrado na África negra. Com o sagrado, o objetivo cognitivo está associado ao objetivo normativo. O paradigma, a Maât, é justificado, nesse contexto, como uma teoria normativa, um caminho fecundo de pesquisa e, ao mesmo tempo, uma forma de fazer ciência, um método, uma ética que consiste em conformar a ordem social com a Ordem do Universo.

Maât é da ordem das verdades a ser alcançadas por razão raciocinante aplicada às realidades sociais, étnicas, culturais, civilizacionais e históricas; a norma (lei social) se junta à ordem cognitiva no exercício da faculdade de pensar o mundo. Porque Maât é também da ordem da Verdade, com "V" maiúsculo, isto é, o Princípio da Ordem Universal e, ao mesmo tempo, o conhecimento dessa relação especial que existe entre os fenômenos. Esse conhecimento tem a vantagem de aumentar o poder de ação e criação, de acordo com a organização do divino. Esta é a lição a ser aprendida.

Continuando sua reflexão, Bassong (2011, p. 33-4) pergunta, e responde ao mesmo tempo, o que segue:

> A demonstração desse conhecimento da Maât requer uma reflexão particular: como e por que reconhecemos o Princípio da Ordem Universal?
>
> Primeiro, há o universo mitológico africano que descreve os mecanismos e, por outro lado, a forma [...]. O que precisamos saber é que o universo mental africano está organizado miticamente em Ordem e Desordem, protagonistas da criação. Vide a figura dialética Horus/Seth da mitologia egípcia reproduzida por outros atores na mitologia africana sem que a mensagem seja alterada. Ela é, em todas as circunstâncias, o afastar das forças de desordem para que a ordem preexistente seja mantida de acordo com a forma como o Universo se organiza para construir a Complexidade. A lei social é retomada, digamos, pela lei cósmica.
>
> Esse é o objetivo cognitivo e normativo consagrado nos mitos.
>
> Mas essa Desordem tem significado e vida somente na sua relação com a Ordem. Estes são os dois lados da mesma realidade organizacional (Maât). Essa abordagem para a solução africana funda a dialética e vai além do fundamentalismo filosófico de *yin* e *yang*. A lei do espírito geral do Livro das Trans-

> formações acomoda uma dupla hélice, mas não especifica a fase de resolução, restauração da precedência da ordem. Maât vai além de *yin* e *yang*. Até mesmo a dialética hegeliana sem fim, que semeia aos quatro ventos contradições, não revela nenhuma verdade conhecida por todos e, portanto, controlável.
>
> Agora o sociólogo está situado: a visão do mundo de todos os africanos parte dessa dialética mitológica que organiza o mundo e a sociedade.

Retiramos essas três categorias, Noun, Maât e Ubuntu, do território do Egito antigo e dos povos bantus da África Subsaariana, especificamente da África Central e da Austral. Essas categorias filosóficas traduzem a ideia africana da realidade vista como um devir constituído por forças que habitam o mundo invisível e o mundo visível. Esses dois mundos interagem permanentemente. Pautam-se em uma interdependência e na solidariedade cósmica.

Nesse sentido, Ramose (2011) nos alerta que Ubuntu é o Ser-Sendo. Os textos orais e escritos africanos, desde a Antiguidade, nos informam que no início existiu um Ser primordial. Para Obenga (1990), como vimos, essa força inicial, entre os egípcios antigos, era o Noun, a água abismal da qual procederam todas as coisas que existem. O Noun é a força-do-que-existe. Maât é a ordem do que deve ser, que Obenga (1990) traduz como caminho do bem e da felicidade. A prática da Maât gera a harmonia. Bassong (2011) sinaliza, para nós, que Maât é a ordem normativa e cognitiva que se estrutura a partir das duas forças complementares: Desordem e Ordem. Quando controladas, geram Harmonia. Em diálogo com o universo egípcio, Ramose (2011) defende que Ubuntu comporta a dimensão ética e epistemológica, e Malomalo (2018) acrescenta estes outros elementos a política e a estética do mundo africano.

As cosmopercepções de diversos povos africanos são provas cabais de articulação da tese da unidade e diversidade cultural africana. Isso sem perder de vista as mudanças que as práticas culturais endógenas africanas sofreram ao longo da história e sem ignorar sua lógica primária-ancestral.

Malomalo (2019), em diálogo com Ntumba (2014), afirma que a filosofia africana antiga e a contemporânea apontam para um movimento processual, englobante, plural e multiforme que sustenta tudo que existe.

> Ontologicamente, o Ser é a manifestação da multiplicidade e da diversidade dos entes. Essa é a pluriversalidade do ser, sempre presente. Para que essa condição

> existencial dos entes faça sentido, eles são identificados e determinados a partir de particularidades específicas. Assim, a particularidade assume uma posição primária a partir da qual o ser é concebido. Essa assunção da primazia da particularidade como modo de entender o ser é frequentemente mal colocada como a condição ontológica originária do ser. O mal-entendido se torna a substituição da pluriversalidade original ineliminável do Ser. (Ramose, 2011, p. 11)

Defender a pluriversalidade é defender a pluralidade do Ser-Sendo que se manifesta nas entidades particulares ou comunidades particulares de vida que abordamos anteriormente. É defender, ainda, que existem diversos meios para se compreender a Realidade: o mundo da razão (ciência) e o da sensibilidade (ética e espiritualidade).

Malomalo (2018) entende que a filosofia do Ntu se inscreve na linha do biocentrismo e do ecocentrismo ao rejeitar os pressupostos teóricos, éticos, estéticos e políticos do antropocentrismo. De fato, o antropocentrismo é não só, filosoficamente, uma interpretação falsa da realidade — que é sempre complexa (Morin, 2011), total, múltipla, processual e global (Ntumba, 2014; Bayibayi, 2017), pluriversal (Ramose, 2015) —, como também levou o ser humano a se achar no direito de dominar o Ntu, Ser-Sendo, isto é, todas as formas de vidas existentes.

Todavia, a filosofia do Ntu se diferencia do biocentrismo e do ecocentrismo em alguns aspectos. Como uma filosofia do "movimento", rechaça qualquer "ismo". Ela é um Ubu-Ntu, Ser-Sendo (Ramose, 2011), uma "Ntu-idade" igual à Biso-idade: uma filosofia do Real-Total, processual, multiforme e global aberta à crítica e à autocrítica (Ntumba, 2014); e tem por finalidade a emancipação cósmica, isto é, de todos os seres viventes visíveis e invisíveis (Malomalo, 2018).

A filosofia do Ntu não se fundamenta em nenhum "ismo", sistema ou dogma totalitário ou fechado. Como afirma Ramose (2002, p. 4), "um dos primeiros princípios da ética Ubuntu é a libertação do dogmatismo. É flexibilidade orientada para o equilíbrio e para a harmonia no relacionamento entre seres humanos, e entre estes e o mais abrangente Ser-Sendo ou natureza".

Outra diferença está em seus pontos de partida. Enquanto o biocentrismo e o ecocentrismo partem das culturas e das bibliotecas euro-americanas, a filosofia do Ntu parte das culturas e das bibliotecas africanas e de todas as

Áfricas espalhadas pelo mundo. O que não a impede de estabelecer um diálogo intercultural crítico e emancipatório, como o fazem Obenga (1990), Bilolo (2007), Nakoulima (2012) e Ntumba (2018) em suas obras; e somente quando isso se faz necessário.

A filosofia do Ntu, como já defendemos antes (Malomalo, 2019), não denuncia somente o antropocentrismo ocidental, mas também as diferentes formas de antropocentrismo presentes nas interpretações exógenas e endógenas das culturas africanas. Nesse sentido, compreende que a filosofia bantu de Tempeles (2012) errou ao afirmar que a cosmovisão africana é antropocêntrica. Também não concorda com interpretações, como a de Kashindi (2017), que reduzem Ubuntu à humanidade. Ao contrário, é mais do que isso: é a Ontologia africana assente no Ser-Sendo (Ramose, 2002, 2011), Biso-idade Cósmica ou Vida Cósmica da qual os seres humanos são somente uma parte mínima (Malomalo, 2018), na Maât que reconcilia o humano com a natureza e o divino (Obenga, 1990; Bosssong, 2011).

Epistemologia da Maât-Ntu como proposta de emancipação civilizatória

Trazemos aqui algumas reflexões feitas por nós em outros momentos e textos (Malomalo, 2018). Na ocasião, levantamos a seguinte pergunta: como sair da crise ecológica do ponto de vista dos povos oprimidos? Nossa resposta vem sendo: é preciso acionar as epistemologias libertárias, particularmente a da Maât-Ntu. Esta é parte das epistemologias negras do sul global que buscam, a partir do seu lócus, a alternativa na/da alteridade do outro. É preciso olhar as histórias negras de existências e resistências e as bibliotecas negras para obter respostas, fazer uso da razão cosmopolita/intercultural contra a razão indolente, que é reducionista, simplista, racista, sexista e instrumentalista (Morin, 2011; Santos, 2003; Sodré, 2017). É preciso, sobretudo, praticar a espiritualidade ancestral, que é uma ciência desde, mediante e para a vida.

Defendemos que as epistemologias africanas se colocam como caminho de superação da crise atual. Muniz Sodré (2005, 2017) explica que elas trabalham no sentido de buscar a "verdade seduzida", isto é, seus métodos e linguagens não se pautam nas epistemologias racionalistas, positivistas e instrumentais. Nelas, a Maât, o Ubuntu, o Axé e o Kalunga operam como o lócus interpretativo da vida que deve ser restaurada com harmonia.

Temos chamado nosso trabalho de epistemologia do Ntu (Axé) por entender que o que chamamos de epistemologia de macumba ou do batuque é parte desse grande movimento. O termo "ntu" tem uma extensão maior em termos analíticos.

Desse ponto de vista, compreendemos que fazer a ciência é como fazer um axexê, um ebó, um nkisi. Assim como o nganga nkisi (médico, zelador do nkisi), o babalorixá e o ialorixá zelam pelo Nkisi, pelo Axé, o/a cientista ubuntuista faz a ciência com razão, consciência e ética. Para ele/ela, a finalidade da ciência é a emancipação cósmica. Como ele/ela parte do princípio da biocentricidade ou ontologia biocêntrica, as realidades que ele/ela estuda devem ser abordadas com cuidado. A ética do cuidado para com o Outro é fundamental. Por isso, é um/a zelador/a da verdade seduzida, e não instrumental.

Dentro das discussões epistemológicas, para se firmar como ciência, uma disciplina precisa anunciar seu objeto ou campo de investigação, seu método e a(s) teoria(s) que a sustentam. Há ainda outra dimensão, a qual tem que ver com os princípios que devem guiar as atividades científicas.

A epistemologia do Ntu tem como sujeitos de investigação as culturas e pessoas negras. Isso não quer dizer que não possa ou não deva estudar outras realidades não negras. Sua abordagem metodológica é interdisciplinar e intercultural. Interdisciplinaridade não significa a negação da disciplinaridade ou da transdisciplinaridade. Respeita-se o método disciplinar quando este não é simplista e reducionista. Dependendo do contexto dos estudos, recomenda-se a prática da transdisciplinaridade nas pesquisas individuais e coletivas (Gutto, 2006). A interculturalidade sinaliza a necessidade de compreender não somente que toda prática científica é um processo cultural, mas sobretudo que os grandes resultados são alcançados quando trabalhamos em uma perspectiva do Exu, das encruzilhadas, das interseccionalidades.

Os princípios de investigação são de ordem técnica e ética. Na perspectiva da epistemologia do Ntu, esse é seu princípio fundante: toda ciência ubuntuísta ou bisoísta ou macumbista deve (1) se movimentar a partir da vida, (2) passar pela vida e (3) desenvolver-se para a vida. Dizemos: Vida-Plena.

Em outras palavras, a construção de campo de investigação, os métodos, as teorias e os princípios a ser usados na epistemologia do Ntu partem da cultura negra em diálogo com outras culturas. Como todo paradigma só se explica pela linguagem, fazendo uso de conceitos, a epistemologia do Ntu se fundamenta na linguagem negra.

O/a pesquisador/a da ciência do Ntu está na encruzilhada do mundo acadêmico, vista por nós como escola da crítica e da autocrítica radical, e do mundo não acadêmico, cultural, artístico, religioso. O ponto comum entre os agentes que trabalham na academia e os que estão fora dela tem três princípios: os saberes e conhecimentos partem da vida das pessoas negras, da cultura negra, estruturam-se mediante elas e têm por finalidade a expansão de vidas negras e do cosmos.

A epistemologia, a ética, a política e a estética que ditam a linguagem da ciência ubuntuísta correspondem à lógica da cultura negra. Nessa ciência, a arte, a cultura, a religião, o social e o político se cruzam a fim de celebrar a vitória da vida sobre a morte.

Considerações finais

Procuramos mostrar aqui que a África pode ser compreendida a partir da sua unidade e diversidade étnico-racial, que se formou ao longo da história e ainda vem se formando.

Como adeptos da tese da unidade africana, tanto do ponto de vista científico quanto político, buscamos mostrar, a partir da literatura africana existente, como se estabelece essa unidade africana considerando as categorias filosóficas de Noun, Maât e Ubuntu. Essa maneira de proceder é uma atividade libertária, de busca de conhecimento autêntico e africano, seja do ponto de vista da elaboração do método, seja da articulação da teoria e dos conceitos; e, para isso, não é preciso pedir licença à academia branco-euro-americana.

O que nos dá segurança para abordar a questão da descolonização científica a partir do paradigma endógeno africano são os trabalhos sobre epistemologias africanas feitos desde Cheikh Anta Diop, na década de 1950, até os trabalhos mais recentes, como os de Bilolo. Ou, ainda, o que estamos fazendo quando nos inserimos no debate epistemológico africano produzido no universo cultural, político e científico brasileiro. Temos defendido aqui que o paradigma ancestral africano desponta, na atualidade, como um dos paradigmas para a emancipação do mundo.

Referências bibliográficas

ANKH. *Revue d'egyptologie et des civilisations africaines*. Disponível em: http://www.ankhonline.com/revue.htm. Acesso em: 9 mar. 2021.

BASSONG, Bombong Bong. *Sociologie africaine*: valeur, paradigme et communication. [s.l.], [s.n.], 2011. Disponível em: https://mbombog.files.wordpress.com/2011/02/sociologie-africaine.pdf. Acesso em: 30 ago. 2022.

BILOLO, Mubabinge. *Les cosmo-théologiques philosophiques de l'Égypte antique*: problématiques-prémisses hermenêutiques-et-problèmes majeurs. Kinshasa; Libreville; Munique: Publications Universitaires Africaines, 1986.

______. *Vers un dictionnaire Cikam-copta-luba*: bantuïté du vocabulaire égyptien-copta dans les essais de Homberger et Obenga. Munique: African University Studies, 2011.

DIAGNE, Soulemane Bachir. *L'encre des savants*: refléxions sur la pilosophie africaine. Paris: Présence Africaine; Dacar: Codesria, 2014.

DIOP, Cheikh Anta. *Civilisation ou barbarie*: anthropoliie sans complessance. Paris: Presse Africaine, 1981.

______. *L'unité culturelle de l'Afrique noire*. Paris: Présente Africaine, 1982.

______. *L'antiquité africaine par image*. Paris: Présence Africaine, 1975.

DIOP, Cheikh M'Backé. *Cheikh Anta Diop*: L'homme et l'oeuvre. Paris: Présence Africaine, 2003.

GUTTO, Shadrack B. O. "Toward a new paradigm for pan-African knowledge production and application in the context of the African Renaissance". In: *International Journal of African Renaissance Studies*: Multi-, Inter- and Transdisciplinarity. University of South Africa Press, v. 1, n. 2, 2006, p. 306-23.

FAIK-NZUJI, Clémentine M. *Arts africains*: signes et symboles. Paris: De Boeck; Bruxelas: Larcier, 2000.

FU-KIAU, Kia Bunseki. *The african book without title*. Cambridge: [s.n.], 1980.

KI-ZERBO, Joseph. "Os métodos interdisciplinares utilizados nesta obra". In: KI-ZERBO, Joseph (org.). *Metodologia e pré-história da África*. História geral da África, v. 1, 2. ed. rev. São Paulo: Ática; Brasília: Unesco, 2010, p. 383-99.

______. *Para quando a África*: entrevista com René Holenstein. Rio de Janeiro: Pallas, 2006.

LALÈLÊ, Issiaka-P. Latoundji. "Les religions de l'Afrique traditionnelles: interrogations majeures et pistes des recherches actuelles". In: LALÈLÊ, Issiaka-P. Latoundji (org.). *Culture et religion em Afrique u seuil du Xxe siécle*: cosncience d'une Renaissance?. Dacar: Codersia, 2015, p. 243-57.

MALOMALO, Bas'Ilele. "Estudos africanos ou novos estudos africanos: um campo em processo de consolidação desde a diáspora africana no Brasil". In: *Revista de Humanidades e Letras*, v. 3, n. 2, 2017, p. 16-50.

______. "Epistemologia do Ntu: Ubuntu, bisoidade, macumba, batuque e 'x' africana". In: SOUZA, Elio Ferreira de et al. (org.). *Cultura e história afrodescendente*. Teresina: Fuespi, 2018, p. 561-74 (Coleção África Brasil). Disponível em: https://nepa.uespi.br/africabrasil/download/ebook8.pdf?100519. Acesso em: 30 ago. 2022.

______. "Filosofia africana do Ntu e direitos biocósmicos". Problemata. *R. Intern. Fil.* v. 10. n. 2, 2019a, p. 76-92.

______. "Decolonialidade africana/negra: uma crítica pan-africana construtiva". Capoeira. *Revista de Humanidades e Letras*, v. 5, n. 2, 2019b, p. 115-40.

______. "Ubuntu como projeto alternativo de sociedade diante da crise social, econômica, política e ambiental do modelo desenvolvimentista ocidental: um olhar a partir da América Latina e da África". In: CALAZANS, Márcia Esteves de; MALOMALO, Bas'Ilele; PIÑEIRO, Emilia da Silva. (org.). *As desigualdades de gênero e raça na América Latina no século XXI*, v. 1. Porto Alegre: Fi, 2019c, p. 511-32.

M'BOKOLO, Elikia. *África negra*: história e civilizações. Tomo 1 (até o século XVIII). Salvador: Edufba; São Paulo: Casa das Áfricas, 2009, p. 327-91.

______. *África negra*: história e civilizações. Tomo 2 (do século XIX até nossos dias). 2. ed. Lisboa: Colibri, 2007.

MOORE, Carlos. *Racismo e sociedade*: novas bases epistemológicas para entender o racismo. Belo Horizonte: Mazza, 2007.

______. "Novas bases para o ensino da história da África". In: BRASIL. *Educação antirracista*: caminhos abertos pela Lei Federal n. 10.639/03. Brasília: MEC/Secad, 2005, p. 133-66.

MORIN, Edgar *Os sete saberes necessários à educação do futuro*. 2. ed. São Paulo: Cortez; Brasília: Unesco, 2011.

NTUMBA, Tshamalenga M. *Le réel comme procès multiforme*: pour une philosophie du Nous processuel, englobant et plural. Paris: Edilivre-Aparis, 2014.

OBENGA, Théophile. *Origine commune de l´égyptien ancien du copte et des langues négro-africaines modernes*: introduction à la linguistique historique africaine. Paris: L'Harmattan, 1990.

_____. *La philosophie africaine de la période pharaonique*: 2780-330 avant notre ère. Paris: L'Harmattan, 1990.

OLDEROGGE, Dmitri. "Migrações e diferenciações étnicas e linguísticas". In: KI-ZERBO, Joseph (org.). *Metodologia e pré-história da África*. História geral da África, v. 1, 2. ed. rev. São Paulo: Ática; Brasília: Unesco, 2010, p. 295-316.

OYĚWÙMÍ, Oyèrónkẹ́. "Visualizing the body: western theories and African subjects. In: COETZEE, Peter H.; ROUX, Abraham P. J. (orgs.). *The African philosophy reader*. Nova York: Routledge, 2002, p. 391-415. Tradução (uso didático): Wanderson Flor do Nascimento. Disponível em: https://filosofia-africana.weebly.com/uploads/1/3/2/1/13213792/oy%C3%A8r%C3%B3nk%E1%BA%B9%CC%81_oy%C4%9Bw%C3%B9m%C3%AD_-_visualizando_o_corpo.pdf. Acesso em: 27 fev. 2021.

SANTOS, Boaventura de Sousa. "Para uma sociologia das ausências e uma sociologia das emergências". In: SANTOS, Boaventura de Sousa (org.). *Conhecimento prudente para uma vida decente*: um discurso sobre as ciências revisitado. Porto: Afrontamento, 2003a.

_____. "Por uma concepção multicultural de direitos humanos". In: SANTOS, Boaventura de Sousa (org.). *Reconhecer para libertar*: os caminhos do cosmopolitismo multicultural. Rio de Janeiro: Civilização Brasileira, 2003b, p. 429-61.

SANTOS, Boaventura de Sousa; MENESES, Maria Paula (orgs.). *Epistemologias do Sul*. 2. ed. São Paulo: Cortez, 2010.

SODRÉ, Muniz. *A verdade seduzida*: por um conceito de cultura no Brasil. 3. ed. Rio de Janeiro: DP&A, 2005.

_____. *Pensar nagô*. Petrópolis: Vozes, 2017.

RAMOSE, Mogobe. "Sobre a legitimidade e estudo da filosofia africana". *Ensaios Filosóficos*, v. 4, out. 2011, p. 9-25.

_____. "A ética do Ubuntu". Tradução (uso didático): Éder Carvalho Wen. In: COETZEE, Peter H.; ROUX, Abraham P. J. (orgs.). *The African philosophy reader*. Nova York: Routledge, 2002, p. 324-30.

5. Afroperspectiva: uma proposição teórico-metodológica

Tatiane Pereira de Souza

> *Para olhar a África no Brasil é preciso olhar o Brasil a partir de África.*
>
> (Souza, 2017, p. 5)

> *Estas são nossas raízes. Nasceram longe.*
> *Muito longe antes da primeira caravela.*
>
> (Magaia apud Souza, 2012, p. 3)

De início, é preciso situar a África como a compreendemos — África plural, continental e global que precede a criação das sociedades e, inclusive, inaugura um capítulo na história da humanidade: as primeiras civilizações. A África abordada aqui é aquela que foi possível captar e empreender a partir de seus protagonistas: as pessoas negras, cuja ascendência se anuncia na corporeidade. Áfricas do além-mar, espalhadas pelo mundo, presentes no Brasil, pulsantes na América Latina e nos universos afro-indígenas. Áfricas diversas, eméritas, pluriversais, como nos informam as inúmeras filosofias de que dispomos.

No entanto, falar em África e estudá-la dentro e a partir do congado[1] é não nos ausentarmos de nossa corporeidade, porque também isso não é possível, mas a partir dela trilhar o caminho da verdade — não no sentido absoluto e extremista do conceito, mas no sentido do devir; daquilo que se pode encontrar a partir da afroperspectiva, um método compreensivo, dialógico e interdisciplinar que sustentou nossa ação e escrevivência nesse campo de

---

1. A depender da região, o congado também é conhecido como reinado ou festa da congada. Sua ritualística reúne vários grupos com identidades, ornamentos, vestimentas, musicalidades e funções diferentes, que representam as linhagens familiares e ancestrais. Durante a festa, coroam-se rainhas e reis negros e constitui-se uma corte negra (Souza, 2018).

estudo no Brasil, sobretudo dentro das ciências sociais e humanas. Em suma, a afroperspectiva como método que sustentou as concepções teórico-práticas que apresentamos nos caminhos de compreensão do congado no Brasil.

África em perspectiva como método

Trazer a África como epistemologia e perspectiva teórica e metodológica, em colóquio com outros autores e autoras da América Latina e do mundo, faz deste escrito uma tentativa de diálogo teórico-prático que nos possibilite ampliar o olhar sobre as culturas de raiz africana para além de uma manifestação folclórica, resiliente no tempo e no espaço — sobretudo as localizando como expressão de uma identidade negra como parte do legado africano e das experiências de sobrevivência em um contexto racializado de forma binária, sexista, patriarcal e geracional.[2] Logo, esse método procura oferecer suporte compreensivo para a escrita da pesquisa e para a prática e a experiência em campo.

Por isso, em termos científicos, não há possibilidade de uma verdade absoluta, mas sim de uma perspectiva sobre a verdade que se observa de um ângulo, de um ponto de partida e de compreensão do mundo, dos fenômenos sociais e dos protagonistas envolvidos. Não há verdade definitiva. Por mais que se encontrem respostas para as perguntas e hipóteses empreendidas, ainda assim são visões desnudadas a partir de um prisma, de um caminho, de um método de orientação da teoria e da prática que não começa nem termina em si. Um caminho que, se possível, pode ser percorrido, refeito e criticamente analisado e/ou interpretado.

Porém, essa trajetória científica de produção de conhecimento, na área das ciências humanas e sociais, traz contextos promovidos por estruturas de poder instauradas nas instituições acadêmicas e centros de pesquisa que anunciam o devir na maneira de estabelecer pressupostos e padrões não apenas na construção de saber, mas na legitimidade e na prática deste, ditando o que é aceitável e acessível, diferenciando aquilo que tem credibilidade do que é mar-

2. Segundo o prof. Dagoberto José Fonseca, "o contexto racializado também é geracional", pois o racismo de hoje não é o mesmo vivido pelas gerações anteriores; ele se atualiza (Caderno de Campo, 2017, p. 5).

ginal, arcaico e defasado. Assim, o caminho da ciência também é de descobertas e de reelaborações, aprimoramentos, superações e explicações satisfatórias. Ciência é movimento nem sempre linear, mas dinâmico. Ciência também é diversa e sinalizada por percursos diferentes e repletos de desafios, de rupturas e continuidades, de idas e vindas, ainda mais quando se encontram nas veredas das ciências sociais e humanas — que exigem interlocuções criativas, por vezes interdisciplinares, dialógicas e constantes, com a realidade social que se quer compreender e, em alguns casos, até transformar.

Aos caminhos para construir a ciência e sua diversidade de conhecimento nos referimos como método: o fio condutor que sustenta e orienta o caminho da pesquisa em uma constante ação-reflexão da teoria e (sua) prática, a partir de um diálogo constante de integração e complementaridade entre os conceitos teórico-metodológicos que se compõem como referências para pensar, estudar e entender o contexto da pesquisa. O método orienta de maneira integral o caminho da compreensão da existência humana, do mundo, das coisas e dos fenômenos sociais que o povoam. Trata-se de uma maneira de ver, ler, ouvir, sentir, representar e traduzir o mundo.

Dizendo de outro modo, o método está presente no delineamento dos sentidos e significados das categorias teórico-metodológicas, permitindo um movimento de reflexão sobre aquilo que se faz, o que se pensa, a maneira como se sente, idealiza e constrói a pesquisa. Ele vai sendo exposto à medida que os objetivos, a questão de pesquisa, as idas e vindas do campo vão se tornando evidentes pela observação, pela escrita e pelas conversas desenvolvidas no fazer, no pensar e na prática do fazer científico.

A esse fio condutor denominamos afroperspectiva,[3] um método traçado e enraizado a partir de dentro, na e pela experiência da África e sua descendência no mundo, na América Latina, especificamente no Brasil. Mas não apenas: pensar em uma afroperspectiva leva-nos a querer ampliar o debate e considerar outras produções e perspectivas que, além de problematizar a universalidade e a hegemonia eurocêntricas, trazem formulações teóricas de suas matrizes

3. Esse método toma como inspiração o trabalho desenvolvido pelo prof. dr. Renato Noguera dentro da filosofia de raiz africana, cuja afroperspectividade em conceito e ação tem conduzido sua docência e pesquisa no Brasil. Noguera é coordenador do Grupo de Pesquisa Afroperspectivas, Saberes e Infâncias (Afrosin).

culturais indígenas, asiáticas e europeias para compreender o mundo; para pensar e reconhecer os lugares que ocupam e que lhe foram atribuídos como construções sociais. Essas pontes de diálogo nos possibilitam vislumbrar o congado como uma cultura africana recriada em um contexto de escravização no Brasil, mantida em sua maioria por pessoas negras, que ainda são vítimas de opressões e condições desiguais, oriundas das assimetrias provocadas no passado pela conquista territorial e agravadas na contemporaneidade pelo capitalismo e pelo racismo.

A afroperspectiva compreende que há fontes inesgotáveis de possibilidades, conhecimentos e processos civilizatórios dentro das culturas africanas, as quais oferecem elementos e cosmovisões do mundo africano tanto em sua especificidade quanto em sua pluralidade/diversidade no mundo: dentro e fora da África continental.

Influências da afroperspectiva

A afroperspectiva fundamenta-se nas contribuições do pan-africanismo, do quilombismo, da afrocentricidade e da filosofia afroperspectivista para subsidiar toda a discussão em torno das permanências africanas no congado brasileiro. Isso posto, abordaremos suas contribuições para o método, cuja produção é voltada para a realidade da população africana no continente ou fora dele.

Cunhado em meados do século XIX, o pan-africanismo é um movimento político-intelectual de luta pela valorização, (re)conhecimento, liberdade e libertação das populações de ascendência e descendência africana pelo mundo por meio da mobilização de intelectuais ativistas e lideranças negras — das Américas, do Caribe, da Europa e da África — engajados na luta contra as políticas de opressão, a usurpação territorial na África e as teorias racialistas, como o evolucionismo e o darwinismo sociais.

Sua consolidação como movimento político começa no ano 1900, por ocasião da Conferência dos Povos de Cor, em Londres, na qual Sylvester Willians, advogado negro de Trinidad, mencionou o termo pela primeira vez. Apesar da contribuição de inúmeras pessoas por vezes esquecidas pela história, tais como James A. Horton e Edward W. Blyden, a ideologia pan-africana só foi consolidada no I Congresso Pan-Africano, organizado em Paris, em 1919, sob a liderança de William Edward Burghardt Du Bois. Até então, o pan-africanismo se referia somente a um conjunto de ideias, teorias e visões de mundo sem apelo nem articulação expressivos e articulados (Paim, 2014).

Pode-se dizer que o pan-africanismo teve três fases:

1. sua concepção, como citamos;
2. sua consolidação como movimento político, a partir do engajamento especial de Henry Sylvester William, articulador da I Conferência dos Povos de Cor; Marcus Garvey, fundador da Universal Negro Improvement Association (Unia); e William E. B. Du Bois, fundador da National Association for the Advancement of Colored People (NAACP);
3. sua internacionalização como movimento, ampliando os consensos, mas também os contornos revisionistas, sobretudo nas dissidências presentes nas diversas gerações e nas formas de entender e expressar a perspectiva pan-africana na África e nos demais continentes e nações.

Como qualquer outro movimento, o pan-africanismo não é homogêneo, mas há princípios — tais como a libertação dos territórios africanos conquistados pelos europeus desde o século XV, a integração, a solidariedade e a personalidade africana — que perpassam, de um modo ou de outro, as tendências que influenciaram a atuação de muitas lideranças e movimentos político-culturais negros da luta pela libertação e independência dos países africanos. Entre os diversos ideários que compunham o movimento, destacam-se algumas vertentes, como o pan-africanismo educacional, o cultural, o histórico, o religioso e o político, que foram evoluindo e transformando suas demandas ao longo do tempo.

No caso, tomamos de empréstimo algumas contribuições do pan-africanismo que solidificam os propósitos deste texto e o alinham ao método da afroperspectiva. Vamos a elas.

A noção de *unidade* pressupõe entender que a opressão sofrida pelos africanos e sua descendência negra foi reproduzida dentro e fora da África, nos períodos de conquistas e escravização europeias; portanto, no sentido histórico e político, observa-se que as marcas da opressão europeia até hoje evidenciam os flagelos contra a população negra. De outro modo, somos filhos herdeiros de um mesmo continente, a África, cuja ancestralidade perpassa nossa existência — um sentido filosófico em discussão pela filosofia africana da Antiguidade aos tempos atuais. Tem-se, assim, a noção de uma irmandade simbólica entre a população negra do mundo, irmandade essa que favorece processos de descolonização dos corpos.

Dessa noção de irmandade entre negros nasce a *solidariedade*, o engajamento para estabelecer ações concretas e alianças diversas de equidade que fortaleçam cada negro, cada comunidade, para gerar a cooperação de forma ampla, seja institucional e econômica, seja coletiva. Assim, consolida-se um sentimento de coparticipação negra em que todos compartilham interesses e perspectivas como grupo étnico-racial, povo, espírito, comunidade, e fundam-se os diálogos com o "universo simbólico contemporâneo para embasar uma luta comum do negro contra o colonialismo e o racismo" (Barbosa, 2012, p. 141).

A solidariedade desencadeia a *integração* em ações, posturas e percepções positivas acerca das contribuições, dos valores civilizatórios e do legado da África e de sua descendência para o mundo. Ademais, orienta-se para problematizar a tradição euro-ocidental, reformulando suas teorias e ideias, por meio de uma postura crítico-assimilativa, para seus devidos fins e interesses (Barbosa, 2012).

Não somente baseados nos direitos fundamentais (humanos) da população negra, os pressupostos integracionistas postulavam e reivindicavam princípios comuns de autogerência no desenvolvimento, sem restringir investimentos, mas incentivando a autossuficiência individual e coletiva para a liberdade, a autonomia política, a reconquista dos recursos próprios e da capacidade humana e do bem-estar de todos os africanos que viviam dentro e fora do continente. Desse princípio resultaram inúmeras políticas, tais como a inclusão, pela União Africana (UA), das populações negras de fora do continente à sexta região da África, processo ocorrido em 2006.[4] Um caminho em direção à unidade e à personalidade africana tão vislumbradas por pan-africanistas.

Em suma, a ideia de raça que aparece no pan-africanismo toma um sentido social e histórico, e não biológico, como alguns sugerem (Paim, 2014).

---

4. "[...] a Diáspora Africana é entendida como povos de origem africana que vivem fora do continente, independentemente da sua cidadania e nacionalidade, e que estão dispostos a contribuir para o desenvolvimento do continente e a consolidação da União Africana." Documento final do Encontro de África e a Diáspora, 23 nov. 2013. Disponível em: https://www2.camara.leg.br/atividade-legislativa/comissoes/comissoes-permanentes/credn/noticias/documento-final-do-encontro-de-africa-e-a-diaspora. Acesso em: 8 set. 2022.

Essa noção é fundamental para unificar aqueles cujo infortúnio histórico deslocou antepassados para um novo mundo, destituindo deles o direito de exercitar sua humanidade. Essa ideia centra a *personalidade africana*, na qual a unidade negra se estabelece contra o racismo e sua subjugação discriminatória e violenta.

Tal categoria reforça a afirmação de que a população negra já tinha uma história própria de elementos constitutivos de suas culturas, identidades e cosmovisões que levou à construção do mundo e de todas as Áfricas. Retornar às Áfricas, além de promover uma revolução cultural na maneira de entender sua continuidade em diferentes regiões do mundo, adquire um sentido cultural e espiritual de compreensão de suas insígnias e de origem de nossa humanidade. Isso fica bem evidente na postura e nos discursos de vários pan-africanistas, inclusive no discurso do imperador Halie Selassie (Etiópia) realizado na inauguração da Organização de Unidade Africana (OUA), em 1963 — no qual destacou que "o conhecimento da nossa história é indispensável para estabelecer a nossa personalidade e a nossa identidade de africanos" (Ki-Zerbo, 1972).

Mesmo tendo se iniciado fora da África, o pan-africanismo foi rapidamente absorvido por intelectuais do continente e repercutiu por lá de diversas maneiras, influenciando sobretudo a derrocada do imperialismo europeu por meio dos movimentos nacionalistas. Como movimento de resistência e de luta pelos direitos dos povos africanos e de sua descendência, o pan-africanismo legou aos intelectuais um campo de referência hermenêutico e epistemológico para repensar não somente a África, mas todas as diversas Áfricas vivenciadas e experienciadas em outras regiões do mundo.

Adepto dessa ideologia pan-africana, Abdias Nascimento cunhou o quilombismo, movimento oriundo do ativismo pan-africanista contemporâneo que, no Brasil e em alguns países da América Latina, como a Colômbia, se fortaleceu a partir da década de 1970, com os Congressos de Cultura Negra. Pode-se dizer que no Brasil, em consequência dessas articulações e discussões, nascem as primeiras propostas que sustentaram e consolidaram conteúdos e orientações da Lei de Diretrizes e Bases da Educação Nacional, alterada pelas leis n. 10.639/2003 e 11.645/2008, regulamentadas pela Resolução 001/2004 do Conselho Nacional de Educação do Brasil, a qual instituiu as Diretrizes Curriculares para a Educação das Relações Étnico-Raciais e o Ensino de História e Cultura Afro-brasileira e Africana.

O ativismo de Abdias Nascimento não só contribuiu para que essas conquistas acontecessem, como também ampliou a difusão do pan-africanismo no país a partir da defesa do continente africano, de sua descendência e de suas culturas como detentoras de conhecimentos e dos direitos de equidade e justiça social. Foram muitos os resultados políticos positivos obtidos da atuação e influência pan-africana de Nascimento. Em 1980, na primeira edição de seu livro *Quilombismo* (2002), já nas primeiras páginas ele enfatiza a política de sua tese:

> Em memória dos 300 milhões de africanos assassinados por escravistas, invasores, opressores, racistas, estupradores, saqueadores, torturadores e supremacistas brancos;
>
> Dedico este livro aos jovens negros do Brasil e do mundo, na esperança de que continuem a luta por um tempo de justiça, liberdade e igualdade onde estes crimes não possam jamais se repetir.
>
> Com o amor fraterno do Autor
>
> (p. 2)

Partindo da ideia de reparar o maior crime contra a humanidade cometido pelo tráfico de escravizados, ele propõe uma reorganização social das populações negras, com base no continuum dos valores civilizatórios e nos modelos de organização social africanos — trazidos para o Brasil nos corpos capturados pela invasão europeia. Nas palavras do autor, o quilombismo tem o objetivo de revelar a experiência dos africanos no Brasil oriunda "dos esforços das mulheres e dos homens negro-africanos de qualquer parte do mundo em luta para reconquistar sua liberdade e sua dignidade humana, assumindo por esse meio o protagonismo de sua própria história" (Nascimento, 2002, p. 5).

Em diálogo com o pensamento social brasileiro produzido à época, o autor lida com a desconstrução das ideias de passividade e inferioridade atribuídas às populações negras, além de propor alternativas para superar a dominação, a exploração e a subjugação étnico-racial que as acometem violentamente em virtude do racismo. Para tanto, vê o quilombo como um espaço de resistência negra, de reunião fraterna, de comunhão da liberdade, convivência e solidariedade entre negros — espaço de libertação do jugo racista.

A preocupação de Nascimento é trazer para o centro das análises a óptica de interpretação dos próprios negros, que passam de objeto de análise a sujeitos do processo, avaliando, inferindo, investigando e compreendendo os problemas e a realidade — enfim, os fenômenos próprios da condição de ser negro, sobretudo no Brasil. Para ele,

> a cristalização de nossos conceitos, definições ou princípios deve exprimir a vivência de cultura e de práxis da coletividade negra, deve incorporar nossa integridade de ser total, em nosso tempo histórico, enriquecendo e aumentando nossa capacidade de luta. Precisamos e devemos codificar nossa experiência por nós mesmo, sistematizá-la, interpretá-la e tirar desse ato todas as lições teóricas e práticas, conforme a perspectiva exclusiva dos interesses da população negra e de sua respectiva visão de futuro. (2009, p. 204)

Tal prerrogativa busca romper com as barreiras intelectuais que ainda marginalizam os negros, considerando-os incapazes de gerar teorias e métodos de compreensão de quaisquer fenômenos, sobretudo aqueles que se referem às tradições africanas no Brasil. O sistema racista dificulta o acesso dessas pessoas ao conhecimento e à consciência de sua realidade, daquilo que está sendo produzido por outros negros em contextos semelhantes ou diferentes. Para Nascimento (2002, p. 16), a libertação da alienação negra advém do acesso às lutas, estratégias e experiências positivas e bem-sucedidas nas diversas Áfricas:

> A luta comum dos povos negros e africanos requer o conhecimento mútuo e uma compreensão recíproca que nos têm sido negados, além de outros motivos, pelas diferentes línguas que o opressor branco-europeu impôs sobre nós, através do monopólio dos meios de comunicação, do seu controle exclusivo dos recursos econômicos, das instituições educativas e culturais. Tudo isto tem permanecido a serviço da manutenção da supremacia racial branca. A publicação deste livro teria como alvo fender esse bloqueio que nos isola, contribuindo, ainda que limitadamente, para iluminar e compreender o processo e as diversas estratégias utilizadas pelas forças que nos exploram, oprimem e alienam. Para o restabelecimento da integridade de nossa família — a família africana, no continente e fora dele.

O acesso a esse conteúdo gera novas oportunidades de revolução e transformação da realidade maculada pela discriminação étnico-racial. Como se vê, a influência do pan-africanismo está presente no ensejo de integração apresentado nas palavras de Nascimento, mas o autor renova o movimento pan-africano, dando-lhe um caráter global e de transição ideológica.

De acordo com Moore (2009), uma das contribuições de Abdias do Nascimento para o pan-africanismo mundial foi enfatizar e introduzir a experiência negra da América Latina não apenas na compreensão da unidade africana por meio da continuidade da África, mas também nas estratégias de atuação ideológica e prática ocorridas nas Américas, no Caribe e no Pacífico.

Entretanto, apesar de discordar de alguns métodos extremistas e correntes assimilacionistas, como a de Senghor, e de africanistas, Abdias Nascimento adotou em sua atuação reflexiva e prática as tendências do pan-africanismo político-cultural da Négritude, mediado pelas contribuições de Aimé Césaire, Léon Damas, Léopold Sédar Senghor, Cheikh Anta Diop, Frantz Fanon e Alioune Diop, que se baseavam na "noção de uma identidade africana específica de cunho racial e cultural globalista e na proposta de uma independência nacional sustentada num amplo e permanente processo de desalienação psíquico-cultural" (Moore, 2009, p. 244).

Para atender a essa noção, na luta pela liberdade da negritude, Abdias Nascimento — sendo um homem de personalidade branda e moderado no confronto das ideias — optou por adotar a negociação como metodologia de luta e denúncia contra a opressão étnico-racial.

Segundo Moore (2009), foi com essa postura de diálogo e prudência que ele promoveu uma importante conciliação entre vertentes do pan-africanismo, explicitando "a natureza orgânica e estrutural do racismo latino-americano" como "sistema de dominação étnico-racial e socioeconômico" (idem, p. 246) baseado no mito da democracia racial e na mestiçagem entre os grupos étnico-raciais situados "em posições fixas de inferioridade e superioridade".

Com o quilombismo, Nascimento propôs um projeto político-intelectual de nação baseado em uma reorganização social e cultural capaz de dar novos rumos à sociedade brasileira e latino-americana. Para tanto, propôs formas alternativas de compreender a realidade social e produzir conhecimento.

Assim, a afroperspectiva, como método, se alimenta do pan-africanismo "nascimentista" — expresso em sua tese do quilombismo — para compreender as realidades e culturas das Áfricas, baseadas na busca da equidade e no "respeito às diferenças entre povos, culturas, civilizações e gêneros" (ibidem), dentre outras particularidades da existência humana. Toda essa atuação de uma ciência engajada, inspirada na visibilidade de intelectuais e teorias postos à margem da produção científica e social dos cânones tradicionais eurocêntricos, pode ser feita por meio de uma cultura de comunicação não violenta. Isso inspira o método em evidência.

Diante disso, se do quilombismo tomamos a postura dialógica de engajamento, da afrocentricidade emprestamos os conceitos de agência para situar a afroperspectiva como método. Orientada por contribuições pan-africanas, a afrocentricidade é uma abordagem epistemológica cunhada como paradigma em 1980, quando Molefi Kete Asante — idealizador e diretor do primeiro programa de doutorado em Estudos Africanos na Universidade Temple, na Filadélfia (Estados Unidos) — lançou o livro *Afrocentricity: the theory of social change*. Desde então, a afrocentricidade vem sendo ampliada por diversos intelectuais. No entanto, como linha de pesquisa e reflexão, o trabalho anunciado pela afrocentricidade dá continuidade a uma longa tradição da abordagem afrocentrada, desenvolvida desde o século XIX por estudiosos que não lhe atribuíam esse nome, mas desenvolveram pesquisas nessa direção, como o historiador Cheikh Anta Diop, referência essencial da afrocentricidade (Nascimento, 2002).

No método da afrocentricidade, "os povos africanos têm que ver o mundo desde sua própria perspectiva, o que significa que a pessoa africana, em todas as situações, é um agente sujeito da sua própria experiência, não só nas margens da Europa" (Asante, 2016; 2009). Assim, a abordagem é compreendida como "pensamento, prática e perspectiva que percebe os africanos como sujeitos e agentes de fenômenos atuando sobre sua própria imagem cultural e de acordo com seus próprios interesses humanos" (Asante, 2009, p. 93), "cuja visão se orienta a partir das epistemologias e dos elementos/valores civilizatórios da complexidade cultural africana". (Alves, Jesus e Scholz, 2015, p. 872)

O método entende que *pessoa africana*, como conceito, compreende todas as pessoas negras de ascendência e descendência da África, dentro ou fora do continente. Já o termo *africana* se refere ao plural dessas pessoas e também à metodologia pluralista, pluriversal, multidisciplinar, interdisciplinar, pluridisciplinar e transdisciplinar que circunda os estudos e a experiência negra no mundo. Os principais expoentes da afrocentricidade são Molefi Kete Asante, Ama Mazama, Wade Nobles, Maulana Karenga, Asa Hilliard III, Richard King, Frances Welsing, Na'im Akbar, Reiland Rabaka, Mark Christian etc.

Um conceito central da afrocentricidade, que orienta a afroperspectiva como método, é a agência, a "capacidade de dispor dos recursos psicológicos e culturais necessários para o avanço da liberdade humana" (Asante, 2016). Em outros termos, trata-se da capacidade de compreender, analisar e estruturar nossas ações a partir de nossa experiência histórica. Assim, se há consciência política dessa história, "se nós estamos engajados no processo de maturidade, então precisamos estudar a nossa própria cultura, a nossa filosofia, precisamos honrar nossos ancestrais, precisamos respeitar as tradições filosóficas que durante milhares de anos produzimos" (Asante, 2016; 2009). Para Asante (2016), é impossível desconsiderar essa experiência e os conhecimentos derivados dela: "Não podemos simplesmente jogar isso fora, [...] a experiência da escravidão, a escravatura do colonialismo, o idealismo nos colocaram longe de nós mesmos, ficamos desorientados e, consequentemente, nos tornamos imitações da Europa".

Nas palavras de Asante (2009; 2016), a afrocentricidade é um projeto para a sanidade, para resgatar a humanidade e o orgulho milenar que o processo do escravismo desvirtuou. Como reflexão, pensamento, crítica, prática, perspectiva e método, concebe os/as africanos/as como sujeitos e agentes de sua própria história e dos fenômenos da realidade, das memórias, biografias e imagens de si conforme seus próprios interesses humanos. Toda essa postura só é possível por meio da consciência da opressão, das violências e violações, mas, sobretudo, das vitórias, conquistas e inovações constituídas pelas Áfricas.

Essa é a chave principal para a reorientação e a recentralização, da visão e do olhar, cuja perspectiva coloca a África no centro — não de modo etnocêntrico e essencialista, mas para que ela seja observada, conhecida, atuante nas escolhas conceituais e epistemológicas das experiências e culturas de sua raiz. Ter a África no centro é colocá-la em destaque para, a partir dela, conhecê-la com mais profundidade.

Isso significa considerar as Áfricas fora das representações desumanizantes e estigmatizadas pelas tradições sociais e acadêmicas euro-ocidentais. Segundo Asante (2015, p. 106), a "afrocentricidade estabelece uma perspectiva de que é possível a existência de um pluralismo de culturas sem hierarquia, mas isto exige igualdade cultural e respeito".

> Em nossos termos, um agente é um ser humano capaz de agir de forma independente em função de seus interesses. A base da ideia afrocêntrica está na perspectiva de que nós, africanas e africanos, devemos operar como agentes autoconscientes, não mais satisfeitos em sofrer definições e manipulações de fora, extraindo da cultura africana os critérios para a nossa autodefinição positiva e assertiva. (Asante, 2009, p. 94)

No mais, sendo a filosofia afroperspectivista uma reunião dos pressupostos expostos até aqui, tomamos dessa filosofia, além da inspiração no nome, sua postura científica, metodológica e política de construir conhecimentos, interpretá-los e analisá-los com base nas filosofias africanas e nas unidades temáticas, tais como o "samba, o futebol, o drible como método intelectual, a roda como metodologia de pesquisa, a capoeira e seus movimentos como conceitos argumentativos, o jongo, o candomblé, a greve, os *black blocs*, a Lei Maria da Penha" (Noguera, 2015, p. 1),[5] os movimentos sociais, como o "movimento negro, movimento de mulheres, movimento LGBTQIA+,[6] a vida na cidade grande, o rolezinho, os justiceiros de classe média, a cultura da competição e da corrupção, as ações afirmativas, a discriminação positiva e as políticas públicas" (ibidem). Expressões essas que atravessam e compõem múltiplas realidades e jeitos de ser, de estar e de ter no mundo de pessoas negras.

Assim, a filosofia afroperspectivista pode ser vista como "expressão conceitual guarda-chuva, [...] [que] reúne diversas perspectivas e olhares [...] de produções filosóficas africanas, afrodiaspóricas e comprometidas com o combate ao racismo epistêmico" (Noguera, 2011, p. 44). Portanto, dela legamos esse entendimento de que é necessário diversificar as análises dos fenômenos por diversos ângulos e ampliar as leituras para combater a injustiça cognitiva legada pelos modelos epistemológicos hegemônicos, universalizantes e euro-ocidentais. Em outras palavras, a filosofia afroperspectivista nos

---

5. Versão manuscrita do texto publicado originalmente no livro *Sambo, logo penso*: afroperspectivas para pensar o samba filosoficamente, 2015.

6. Lésbicas, Gays, Bissexuais, Travestis, Transexuais e Transgêneros, Queer, Intersexuais, Assexuais e demais identidades que integram o movimento.

permite realizar o "exercício filosófico protagonizado por pessoas com pertencimentos marcados principalmente pela afrodiáspora" e pela presença indígena (Noguera, 2012, p. 66). Isso permite desconstruir estigmas e construir a África humanizada e centrada em sua própria experiência e devir.

Da crítica ao processo histórico à proposição

Falar *sobre* África é falar de um continente ao qual, na maioria das vezes, foi atribuído o lugar de objeto a-histórico. Porém, falar *a partir de*, *na*, *com* e *através de* África é um desafio e tanto, pois são lugares socialmente construídos, socialmente reivindicados e atualmente questionados do ponto de vista de africanos do continente e de negros de diversos continentes, num momento em que as identidades passam a ser políticas, no sentido de reconhecimento de suas humanidades historicamente negadas e marginalizadas. Ser negro em um contexto global e dentro dos espaços de produção do conhecimento e da ciência passa pela construção política do engajamento científico, refutando teses e posicionamentos que ajudaram a subdesenvolver a África sob justificativas falaciosas, religiosas e pseudocientíficas da suposta inferioridade de sua população.

É importante dizer novamente, junto com Joseph Ki-Zerbo (2009), que até o século XVI a África trilhava seu percurso de desenvolvimento. Além de contar com diferentes formas de organização política, religiosa, científica e social, tais como reinos, impérios, chefaturas, democracias, tinha fortes intercâmbios culturais e relações comerciais e diplomáticas fora do continente, tanto com as populações da Europa quanto com as da Ásia e das Américas. Muitos viajantes do passado e pesquisadores do presente relatam a presença dos africanos nas Américas e suas relações de intercâmbio com os povos daqui séculos antes dos europeus, imprimindo as marcas africanas no México, nas civilizações olmeca, tolteca, asteca e maia, bem como na inca, no Peru.

Pesquisadores como Abdias Nascimento (2009) e Elisa Larkin Nascimento (2009) relatam também a potência que eram a Etiópia, as várias dinastias do Egito antigo e suas faculdades e bibliotecas — como a de Alexandria, onde gregos como Arquimedes, Platão, Aristóteles e Tales, entre outros, estudaram e receberam instruções dos sacerdotes egípcios. Relatam também os reinos de Ashanti, Njoya e Sudão; o Império do Mali, que aliava de maneira integrada a escrita ao saber oral; a cidade de Tombuctu, que entre os séculos XIII e XIV contava com uma universidade e era mais escolarizada do que as cidades europeias na época — no território do Mali, havia mais de 150 escolas, com um vasto acervo nas bibliotecas.

Há conhecimentos e registros escritos e orais no continente africano; bibliotecas, escolas e universidades; há também um vasto material escrito egípcio e malinense e de outras nacionalidades africanas, verificáveis em Théophile Obenga (2001), Hampâté Bâ (1982), José Nunes Carreira (1994), Cheikh Anta Diop (2010), Molefi K. Asante (2009), George James (1954), Abdel Kader Yéro Haïdara (1992), Kwame Gyeke (2002), Elleni Tedla (1995), entre outros. Essa oralidade e escrita africanas, bem como as formas de organização política, ainda são pouco conhecidas.

Em seu livro *Lûmbu*: a democracia no antigo Kôngo, o filósofo e historiador Patrício Batsîkama (2013) relata que a democracia já existia no antigo Reino do Kôngo antes da chegada dos portugueses, no século XV. Estes se referiam aos moradores do reino como "os gregos de África" — tanto é que, entre os séculos XVI e XVII, os cidadãos do Kôngo foram ensinar humanidades em Portugal, pois havia escolas de qualidade em Mbanz'a kôngo (capital desse estado), segundo Batsîkama.[7]

Inclusive essa cidade, localizada hoje ao norte de Angola, tem grande relevância na história da humanidade, pois foi de lá que veio a maioria dos escravizados trazidos para o Brasil e para as Américas. Era de lá o primeiro embaixador africano enterrado no Vaticano, e se destaca, ainda, a resistência de mulheres africanas como a rainha N'Zinga Matamba e Kimpa Vita, que atuaram contra a conquista europeia e pela manutenção de seus territórios. Assim, antes do seu declínio, o Kôngo mantinha relações diplomáticas e amistosas com os portugueses, que passaram a escravizar sua população, traficando-a para o Brasil, após golpes, invasões e traições políticas.

Essa disputa pelo território também está presente nos dias atuais, na forma de disputa de narrativas. O site "Mbanza Kongo: um lugar, muitas his-

7. Seguindo a provocação epistêmica, é possível inferir, com as palavras de Dagoberto José Fonseca (2009), que a prática da democracia e do seu significado político-cultural tenha nascido na África e sido levada para a Grécia por seus estudantes, tais como Sócrates, Tales etc.; supõe-se que as praças africanas se tornaram as ágoras gregas, como ocorreu com outros elementos africanos (Nascimento, 2008).

tórias",[8] desenvolvido pelo arqueólogo Bruno Pastre Máximo, traz outra narrativa, diferente das narrativas escritas e oficiais sobre o próprio Reino do Kôngo. Com base na fala dos descendentes do reino, Bruno contesta a afirmação de que Kulumbimbi seja a primeira igreja católica da África subsaariana.

Segundo os moradores locais, provenientes do povo bakôngo, etnia predominante no Antigo Reino do Kôngo, as ruínas de Kulumbimbi fazem referência não a uma catedral de origem portuguesa; ao contrário, evidenciam uma concepção de vida, um passado ancestral, um legado dos africanos antes dos conquistadores lusitanos. As ruínas são parte do legado ancestral. Tanto o arqueólogo Bruno Pastre Máximo quanto o historiador e filósofo Patrício Batsîkama (2013) consideram o conhecimento antigo e tradicional do povo bakôngo no desenvolvimento de suas pesquisas. Eis o desafio de tornar a oralidade acessível e tão importante quanto a escrita.

Considerar a tradição oral fonte material e histórica nos aponta para a oralitura, metodologia que se esforça para transpor o "texto" oral para o registro escrito. Criada por Leda Maria Martins (2000; 2003), discutida pelo filósofo Renato Noguera e desenvolvida pelos professores Pio Zirimu, Ngũgĩ Wa Thiong'o e Micere Mugo, a oralitura "é a teoria da composição oral, um modo de catalogar o repertório de registros orais. Não se trata de oralidade, mas de 'técnicas' do campo da linguística que criam um acervo oral. Ou seja, a tradição oral pode ser preservada por meio dessa abordagem" (Noguera, 2015).

Outro aspecto que merece destaque é o fato de que boa parte dos escravizados que vieram para o Brasil é de origem bantu Kôngo-Angola. Assim, tanto as manifestações culturais quanto as insurgências políticas ocorridas por aqui têm ligação com o que os africanos viviam em seus territórios. Podemos dizer que, mesmo após a travessia do Atlântico, os africanos trouxeram no corpo a memória e a identidade territorializadas de sua vida e dos conhecimentos que acumularam no continente.

Estima-se que esse conhecimento anterior à captura e à invasão europeia acompanhou os negros escravizados pelo Novo Mundo. Estima-se também que a violência da escravização não atingiu a dimensão espiritual e filosófica de suas culturas e concepções de mundo. Muito do que permanece aqui é uma

8. Disponível em: http://www.mbanzakongo.com/. Acesso em: 2 set. 2022.

continuidade dos valores da África; uma motivação para viver, sobreviver e insurgir no sistema-mundo eurocêntrico.

A África bantu influenciou as insurgências no novo mundo, de acordo com Batsîkama (2013), a revolução do Haiti, mais conhecida como Revolta de São Domingos (1791-1804), foi a primeira insurgência bem-sucedida de escravizados, tendo sido protagonizada pelos descendentes do Kôngo. O historiador afirma que os militares haitianos fizeram o juramento em kikôngo do mesmo modo como faziam entre os Mazômbo do Kôngo.

Muito do que vemos por aqui no Brasil e na América Latina é continuidade de uma série de elementos materiais e imateriais dessa África pluridimensional. Queremos afirmar, com isso, que a África possui uma história que antecede a invasão árabe e europeia. O continente nunca esteve isolado; ao contrário, produziu a primeira globalização do mundo com sua humanidade criadora, bem como expandiu sua civilização para além do Atlântico, do Índico e do Mediterrâneo (Fonseca, 2009; 2015). A África foi exploradora sem submeter os povos, mas foi e é explorada — dos rompantes imperialistas eurocentrados à extração capitalista nos dias de hoje.

Proposição

Diante disso é necessário questionar: que lugar a África vem ocupando na produção do conhecimento? De que Áfricas estamos falando? Que África queremos abordar ou tomar como perspectiva? De uma África historicamente oprimida e afetada negativamente pelas representações sociais e pelos engendramentos do racismo científico e do sistema capitalista de produção? Ou de uma África consciente desse processo e de sua história e produção anterior à invasão conquistadora e ao tráfico de escravizados? Optamos pelo segundo caminho, considerando o primeiro um marco de análise, compreensão e interpretação da realidade social que afetou a história e o desenvolvimento dos territórios africanos.

Portanto, a afroperspectiva reconhece o lugar da África como protagonista na história e, a partir dela, visa sulear o modo de pensar e agir dentro e fora do processo de pesquisa. Como método, a afroperspectiva procura utilizar as cosmovisões do mundo africano para compreender os fenômenos sociais, em especial o congado no Brasil. Assim, é possível trazer categorias analíticas e interpretativas que potencializam nossa consciência, orientam nosso comportamento e subsidiam nossas práticas com base nos valores e nas produções das culturas africanas dentro e fora do continente.

Considerar a afroperspectiva como uma forma de ver o mundo e fazer pesquisa nos coloca o desafio permanente de estudar e investigar a diversidade de culturas presentes no mundo africano — e também no indígena. Estudar essas raízes do conhecimento endógeno não nos habilita a desconsiderar a matriz europeia, mas nos permite visualizá-la sem as amarras ideológicas de sua identidade cultural eurocêntrica. Colocar a afroperspectiva no centro da produção do conhecimento não é tornar tal matriz um marcador etnocêntrico; ao contrário, é expandir diálogos, conhecer e romper com as fronteiras historicamente construídas, ressaltando suas limitações, engajando-se contra toda sorte de preconceito, intolerância e discriminação correlata. Trata-se de construir pontes para o conhecimento em vez de muros.

O estabelecimento da equidade como ética e respeito à vida é um dos pressupostos para o fazer científico; um esforço metodológico para aliar a teoria à prática. Estas são interdependentes e se correlacionam, mas na afroperspectiva são indivisíveis e complementares: uma não se faz sem a outra; não se consolida pensamento sem a prática, e vice-versa.

Outro desafio é observar o princípio da equidade para não reproduzir o eurocentrismo — com sua hegemonia e naturalização do saber único — nem em pensamento nem em ação. Conforme aponta Joseph Ki-Zerbo (apud Mama, 2010, p. 603), "os intelectuais sabem perfeitamente que o pensamento não é um exercício inocente". É preciso ter ética, sobretudo perspicácia, para perceber quando se reproduz tal hegemonia; não há isentos, e todos se prejudicam.

Esse é, sem dúvidas, um exercício desafiador e constante para garantir que o pensamento social ultrapasse a colonialidade do saber e do ser (Quijano, 2005) e consiga trazer novas nuances e conhecimentos para além da racionalidade cartesiana, que orienta a maneira como o Ocidente pensa e constrói seu conhecimento — olha para a totalidade e seleciona, diante do todo, as partes que mais lhe interessa analisar, compreender ou interpretar.

Já na afroperspectiva isso não tem importância, pois não há separação entre as partes do conhecimento, não há pré-seleção. Entende-se que no interior da totalidade ocorre uma complementação entre a multiplicidade de conhecimentos. Tudo está interligado: as partes são complexas e dependentes uma das outras. Isso nos oferece subsídio para questionar inclusive a hierarquia que se estabeleceu entre conhecimento científico, erudito e popular; milenar e moderno; registro oral e documento escrito, sobrepondo com rigidez as diferenças entre eles.

Conceber a pluralidade cultural como um canal construtor de conhecimento é admitir que a razão etnocêntrica europeia tem uma descontinuidade demarcada, sobretudo quando fragmenta o conhecimento em partes assimétricas, a partir da dicotomia e da mescla ambígua e contraditória das culturas consideradas dominantes e de outras consideradas dominadas. Da resistência e da resiliência a essa concepção é que nasce o ensejo pela libertação epistêmica e pela autonomia do pensamento científico. Estamos diante da naturalização do conhecimento como símbolo da dominação e da continuidade da hegemonia cartesiana eurocentrada.

O terceiro desafio é estabelecer de que lugar estamos falando, de qual localidade geopolítica e ideológica se transmitem as nuances de nosso método. Toda teoria/metodologia tem um endereço de origem e um destinatário. O saber tem um local remetente. Interessa-nos explicitá-lo: é importante pontuar a geopolítica do conhecimento sob o marco do eurocentrismo, trazendo também a afroperspectiva como um marcador da produção de conhecimento — nem igual, nem melhor, nem pior que outras matrizes epistêmicas, apenas diferente. Assim, ela se propõe como alternativa para somar, pensar e produzir fora dos eixos pragmáticos dos centros hegemônicos e monoculturais eurocêntricos.

Não estamos preocupados em reivindicar a primazia do conhecimento nem em disputar narrativas eletivas e dogmáticas. A afroperspectiva é tão somente uma maneira de (re)apropriação crítica do processo de produção, capitalização e compreensão dos conhecimentos da África — considerando-se que nela, e a partir dela, há um rico conhecimento que, dentro da ciência ou das tradições, pode subsidiar conceitualmente nossas incursões investigativas (Hountondji, 2010).

Para que isso de fato ocorra é preciso romper com os ideários filosóficos, antropológicos, sociológicos, entre outros, que ainda localizam a África e sua descendência como objetos, lugar e pessoas sem história, acríticas e primitivas; que necessitam do olhar e da ajuda do estrangeiro para se desenvolver e compreender as próprias culturas e tradições. É preciso erradicar essa etnogenia sintomática do preconceito expressa em muitas obras e estudos sobre a África e suas populações.

A distinção entre quem faz pesquisa sobre a África de quem faz pesquisa na, de, para a África e com os africanos é enorme. Há a experiência cultural e política, bem como a localidade do discurso histórico e geográfico. São a experiência e a percepção, como perspectivas, que determinam a maneira como a África é apresentada e representada nesses estudos. Desse modo, pode-se inferir que os estudos da África são desenvolvidos por africanos. Os estudos sobre a África são desenvolvidos por não africanos e com base em categorias do pensamento não africano (Hountondji, 2010).

Ambos podem vir carregados de preconceitos. Ademais, o que determinará uma visão mais emancipatória é a consciência e a necessidade de pensar o conhecimento também como um processo político e sociocultural. Logo, todo conhecimento se torna específico, uma vez que nasce de uma visão de mundo situada em um saber ideológico e local. A esse respeito, vários intelectuais dos mundos oriental, africano, indígena e ocidental já vêm tecendo elaborações. Como afirma Paulin Hountondji (2010, p. 138), “tudo isto já pertence à história” e merece ser estudado, conhecido e utilizado.

Assim, ao considerar a África e suas diásporas, a afroperspectiva se torna um método pluralista, compreensivo e policêntrico para pesquisas com a temática afro:

1. Quando se opõe ao racionalismo e empirismo eurocêntricos, sobretudo para evocar a história e as culturas africanas a partir de seus próprios pontos de vista; considerando pessoas e culturas africanas a base para uma nova abordagem e produção do conhecimento.
2. Quando reconhece a importância da África e de sua descendência no progresso da humanidade, desviando-se dos dogmatismos, problematizando-a em sua diversidade étnico-cultural, ideológica, política, social e histórica.
3. Quando compreende que é necessário lançar mão da interculturalidade, multidisciplinaridade, transdisciplinaridade, pluridisciplinaridade e pluridimensionalidade para estudar essa realidade diversa africana que, localizada em um tempo e em um espaço, é oriunda de uma cultura e de uma história inseridas em uma totalidade dinâmica do mundo em constante movimento.

4. Quando sugere as cosmovisões e culturas do mundo africano como subsídios analíticos, interpretativos e teórico-metodológicos para o pensamento, as relações e a ação.
5. Quando tenta consolidar caminhos próprios ou em diálogo com diversos saberes para se apropriar dos conhecimentos da África, ou seja, do Mundo Africano.
6. Quando considera que as culturas de origem africana continuam a ser grafadas e corporificadas, escritas e reescritas na corporeidade integral e inter-relacionada de sua descendência.
7. Quando reconhece que nos corpos negros, por meio de suas incorporações, há existência ancestral, há saberes enraizados em um sistema cultural que informa o fazer científico e o fazer da vida, dos primórdios da Antiguidade aos dias atuais.

Isso não quer dizer que essas culturas permanecem estáticas; elas se reatualizam com o passar do tempo, renovando e encerrando suas tradições orientadas por princípios e elementos civilizatórios da cultura africana, correspondentes às continuidades africanas — caso do congado no Brasil (Souza, 2012; 2018).

Partindo da história, da ancestralidade, da oralidade, das experiências e de outros elementos civilizatórios do mundo africano, a afroperspectiva tem a preocupação e a finalidade de orientar a condução da vida e dos caminhos científicos empreendidos. Essa afroperspectiva, em construção constante, oferece epistemologias, pedagogias e a intersecção da complementaridade da teoria e da prática para pensar os fenômenos oriundos, influenciados e/ou (re)criados a partir do mundo africano, tanto no continente quanto além-mar.

Dessa maneira, entende-se que a construção do conhecimento não é linear, mas cultural e dinâmica, o que exige a observância do princípio da complementaridade. Trata-se de uma noção filosófica africana estruturada na diversidade de possibilidades e compreensões acerca da verdade do que venha a ser o mundo e as relações humanas. Nessa concepção, pode haver meio-termo: nem tudo se explica de maneira fechada e dicotômica, sim ou não. Ao contrário, entre o sim e o não pode haver muitos caminhos interpretáveis. Nada é tão exato quando se trata dos fenômenos deste mundo.

O próprio mundo, nas mitologias de origem africana, é narrado e compreendido por meio de histórias que fundam tradições, que explicam o mesmo fato: sua criação. Ou seja, pode haver várias explicações para um mesmo fato — o que não retira a perspectiva da verdade narrada, apenas representa a especificidade e as inúmeras possibilidades de responder, indagar e narrar uma verdade.

Em um mundo em que há várias verdades, as perspectivas sobre elas podem ser complementares, cíclicas e míticas, relacionadas com a noção de tempo passado, tempo presente e tempo futuro, que não obedecem à ordem para evoluir e intervir na realidade, mas se complementam e interagem entre si. Essa complementaridade cíclica mostra que o tempo, na perspectiva africana, não obedece exclusivamente ao relógio; obedece, sim, à temporalidade em que o passado pode estar no presente por meio das memórias coletivas, situadas em uma tradição.

Nessa visão, acredita-se que os vários caminhos se cruzam e dialogam, criando uma encruzilhada de possibilidades — algo bem distante do entendimento dicotômico e cartesiano de construir o conhecimento a partir de hipóteses fechadas entre "isto" ou "aquilo". A verdade é sempre complementar, o conhecimento também, o que não impede que ambos sejam bases elementares das tradições e das artes africanas.

Em sentido próprio, concordamos com Hampâté Bâ (1982): a verdade nas culturas africanas traz o compromisso com a comunidade, o comprometimento com o desenvolvimento desta e, sobretudo, um testemunho do valor e da seriedade da palavra bem contada, bem dita, séria e comprometida com as pessoas. A mentira, nessa concepção, seria o suicídio da palavra nos rumos da história da comunidade e comprometeria a transmissão dos valores e dos saberes que constroem os princípios das pessoas e de suas comunidades.

A verdade está ligada à fidedignidade das memórias individuais e coletivas atribuídas na e pela comunidade, o que torna a palavra um valor comum a ser compartilhado e ministrado entre todos. A palavra bem dita pressupõe o conhecimento bem utilizado. Assim, a complementaridade cíclica, como transmissora da palavra na tradição, permite-nos compreender a importância de conduzir nossa vida e nossas pesquisas a partir das manifestações e dos valores culturais do compêndio civilizatório das culturas de origem africana. Obviamente, sem excluir o diálogo com outras matrizes do conhecimento, mas expandindo-as.

Entre memória, história e experiência, temos muito o que aprender e desvelar sobre a diversidade da África expressa nas manifestações do mundo vivido e nas identidades experienciadas por nós, humanos. Certamente, um desafio inacabado para quem faz antropologia, sociologia, história, filosofia e pedagogia das e com as populações africanas e afro-brasileiras.

A produção de conhecimento é coletiva na medida em que se situa em uma historicidade construída. As vozes ecoam por seu próprio protagonismo; nossa interpretação decorre dessa relação e, óbvio, envolve negociações entre a natureza daquilo que se propõe com o saber e com o conhecimento sobre tal. Somos pessoas, cada um com sua responsabilidade, que conduzem e constroem o conhecimento para a autonomia e a emancipação de pessoas, não o contrário.

Não basta conhecer, desvelar e desnudar o conhecido ou o ser conhecido. Nas comunidades negras tradicionais como o congado, por exemplo, todo saber não é mero conhecimento, mas serventia coletiva e individual, tem funcionalidade, significado e sentido útil para a comunidade que experiencia esse conhecimento. Há um entremeio e há diferenças entre conhecimento e informação; saber, conhecimento e escrita que ficam evidentes no interior dessa tradição. O conhecimento não assume apenas sua função racional, mas incorpora missões e percorre outras atribuições de ordem social, espiritual e religiosa com base nessas tradições culturais e em suas produções materiais e imateriais para pensar, sentir, ensinar e aprender a vida que pulsa dentro e fora de nós eternamente.

Referências bibliográficas

ALVES, Míriam Cristiane; JESUS, Jayro Pereira de; SCHOLZ, Danielle. "Paradigma da afrocentricidade e uma nova concepção de humanidade em saúde coletiva: reflexões sobre a relação entre saúde mental e racismo". In: *Saúde em Debate* [online], 2015, v. 39, n. 106, p. 869-80.

ASANTE, Molefi K. "Afrocentricidade: notas sobre uma posição disciplinar". In: *Afrocentricidade*: uma abordagem epistemológica inovadora. São Paulo: Selo Negro, 2009. p. 93-110.

______. "Raça na Antiguidade: na verdade, provém da África". In: *Revista de Humanidades e Letras*, v. 1, n. 3, 2015.

______. In: "Afrocentricidade como crítica do paradigma hegemônico ocidental: introdução a uma ideia. *Ensaios Filosóficos*, v. 14, dez. 2016.

BARBOSA, Muryatan Santana. *Pan-africanismo e teoria social*: uma herança crítica. São Paulo: África, v. 31-2, 2011/2012, p. 135-55. Disponível em: http://www.revistas.usp.br/africa/article/viewFile/115352/113006. Acesso em: 10 dez. 2021.

BATSÎKAMA, Patrício. *Lûmbu*: a democracia no antigo Kôngo. Luanda: Mediapress, 2013.

CARREIRA, José Nunes. *Filosofia antes dos gregos*: Mem-Martins: Europa-América, 1994.

DIOP, Cheikh Anta. "Origem dos antigos egípcios". In: MOKHTAR, Gamal (org.). *História geral da África, II*: África antiga. 2. ed. São Paulo: Cortez; Brasília: Unesco, 2010, cap. 1, p. 1-36.

FONSECA, Dagoberto José da. *África*: desconstruindo mitos. São Paulo: Centro de Estudos das Relações de Trabalho e Desigualdade (Ceert), Secretaria de Educação Municipal de São Paulo, 2009.

______. "De migração em migração se constroem impérios, reinos e cidades: o africano no contexto da globalização". In: MALOMALO, Bas'ilele; FONSECA, José Dagoberto; BADI, Mbuyi Kabunda (orgs.). *Diáspora africana e migração na era da globalização*: experiências de refúgio, estudo, trabalho. Curitiba: CRV, 2015, p. 17-34.

GYEKE, Kwame. *African cultural values*: an introduction. Acra: Sankofa, 2002.

HAÏDARA, Abdel Kader Yero. *Ländliche entwicklung und die, "Tón"-Strategie in Mali*: möglichkeiten und grenzen des endogenen entwicklingsansatzes in Afrika. Hamburgo: Institut für Afrika-Kunde, 1992.

HAMPÂTÉ BÂ, Amadou. "A tradição viva". In: KI-ZERBO, Joseph (org.). *Metodologia e pré-história da África*. História geral da África, v. 1. São Paulo: Ática; Brasília: Unesco, 1982, p. 181-218.

HOUNTONDJI, Paulin J. "Conhecimento de África, conhecimento de africanos". In: SANTOS, Boaventura de Sousa; MENESES, Maria Paula (org.). *Epistemologias do Sul*. São Paulo: Cortez, 2010. p. 131-44.

JAMES, George G. M. *Stolen legacy*: Greek philosophy is stolen Egyptian philosophy. *The Journal of Pan African Studies*, 1954 (e-book, 2009). Disponível em: http://www.jpanafrican.org/ebooks/eBook%20Stolen%20Legacy.pdf. Acesso em: 9 dez. 2021.

KI-ZERBO, Joseph. *Para quando a África?*: entrevista com René Holenstein. Rio de Janeiro: Pallas, 2009.

______. *História da África Negra II*. 1972. Disponível em: http://www.angolapress-angop.ao/diadeafrica-historia.asp/. Acesso em: 16 nov. 2021.

MAMA, Amina. *Será ético estudar a África?*: considerações preliminares sobre pesquisa acadêmica e liberdade. In: SANTOS, Boaventura de Sousa; MENESES, Maria Paula (org.). *Epistemologias do Sul*. São Paulo: Cortez, 2010.

MAZAMA, Ama. "A afrocentricidade como um novo paradigma". In: *Afrocentricidade*: uma abordagem epistemológica inovadora. São Paulo: Selo Negro, 2009. p. 111-27.

MOORE, Carlos. "Apresentação à nova edição: Por que as matrizes africanas?". In: *Afrocentricidade*: uma abordagem epistemológica inovadora. São Paulo: Selo Negro, 2009, p. 17-19.

NASCIMENTO, Abdias [online]. *O quilombismo*. 2. ed. Brasília: Fundação Cultural Palmares; Rio de Janeiro: O. R., 2002. Disponível em: https://baobavoador.noblogs.org/files/2016/01/O-QUILOMBISMO-Abdias-Do-Nascimento.pdf. Acesso em: 20 nov. 2021.

NASCIMENTO, Elisa (org.). *Afrocentricidade*: uma abordagem epistemológica inovadora. São Paulo: Selo Negro, 2009.

NOGUERA, Renato. "Afroperspectividade: por uma filosofia que descoloniza". Entrevista concedida a Tomaz Amorim. *Portal Geledés* [website], 12 jul. 2015. Disponível em: https://www.geledes.org.br/afroperspectividade-por-uma-filosofia-que-descoloniza/. Acesso em: 31 ago. 2022.

MORR, Théophile. *Les sens de la lutte contre l'africanisme eurocentriste*. Paris: Khepera/L'Harmatthan, 2001.

PAIM, Márcio. "Pan-africanismo: tendências políticas, Nkrumah e a crítica do livro *Na casa de meu pai*". *Sankofa. Revista de História da África e de Estudos da Diáspora Africana*, ano VII, n. XIII, julho/2014. Disponível em: https://www.revistas.usp.br/sankofa/article/view/88952. Acesso em: 17. out. 2021.

QUIJANO, Aníbal. "Colonialidade do poder, eurocentrismo e América Latina". In: LANDER, Edgardo (org.). *A colonialidade do saber*: eurocentrismo e ciências sociais. Buenos Aires: Conselho Latino-Americano de Ciências Sociais (Clacso), 2005.

SOUZA, Tatiane Pereira de. *Áfricas:* processos educativos presentes no terno de congada Chapéus de Fitas. Dissertação (Mestrado) – Universidade Federal de São Carlos, São Carlos, 2012. Disponível em: https://repositorio.ufscar.br/handle/ufscar/2736?show=full. Acesso em: 31 ago. 2022.

______. *Permanências africanas no congado brasileiro*. Tese (Doutorado) — Programa de Pós-Graduação em Ciências Sociais, Universidade Estadual Paulista "Júlio de Mesquita Filho", Araraquara, 2018. Disponível em: http://hdl.handle.<net/11449/158262>. Acesso em: 31 ago. 2022.

TEDLA, Elleni. *Sankofa, African thought and education*. Nova York: Peter Lang, 1995.

6. Angolanidade: afirmação consciencial da africanidade

Patrício Batsîkama

África é um termo cuja semântica traz a ideia de incerteza. Deriva do latim e seria o plural de Afer (Afri) para designar parte da atual Tunísia (Cartago), tida como "terra dos bárbaros", onde há ausência do frio. Faz sentido pelo fato de que Ifrikia, utilizado pelos árabes, significava "país dos monstros".

O sinônimo desse termo utilizado pelos gregos é Aethiops (Etiópia), que se traduz por "país de gente do rosto queimado". Não está isolado: Libys (Líbia e arredores) é "país de ventos quentes", habitado por bárbaros, gente de hábitos hostis que vive em condições precárias e difíceis. Os gregos construíram mitos sobre a África, cujos habitantes: (1) comem pessoas; (2) são demônios, ferozes como animais; (3) têm uma anatomia diferente de ser humano.

A ideia inicial do continente negro, por ser habitado por pessoas de cor escura, parece outra: *negro* é, segundo o dicionário *Larousse du Siècle XX*, edição de 1955, "tipo de macaco". Se o homem de tez branca é humano, civilizado e urbano, o homem de tez negra é não humano, bárbaro e vulgar. Em português, dizemos mercado negro, magia negra, negócio negro etc. por serem não autorizados. *Noircir*, em francês, ou *to black*, em inglês, significa "desgraçar ou boicotar".

O Cristianismo contribuiu sobremaneira para reforçar duas ideias principais, que são: (1) África, local insano, habitado por animais e demônios. Logo, era preciso civilizar os bárbaros; (2) África, como símbolo de "confins da terra", seria a metáfora do Inferno, que é "local dos demônios" e de muito sofrimento (Hades).

Com as independências dos países africanos, começa então uma tentativa de redefinição da África que, do ponto de vista da consciência histórica, almejava erguer um continente com concerto dos países independentes. Falaremos aqui de angolanidade, mas antes faremos uma incursão por africanidade e negritude, que constituem a afirmação histórica.

Africanidade: razões históricas da consciência intelectual

A exploração da África entre 1442 e 1885 obedeceu às bulas papais, das quais a *Romanus Pontifex* encorajou o processo de derrubada dos reinos africanos. No momento em que essa bula papal foi emitida (8 de janeiro de 1454), toda a parte ocidental da África continha Estados florescentes, tais como: Império de Gana, Império do Mali, Reino do Kôngo e Império Songhay, que gozavam de organização interna muito antes do século XIII (Davidson, 1998). O Império de Gana foi fundado no século IV, antes da islamização no século VIII. Importa também realçar o Império Almorávida (século XI), cuja extensão territorial partia do atual Senegal até a região ibérica (incluindo Portugal e boa parte da Espanha) (Bosch Vilá e López, 1990). O Império do Mali foi fundado no século III. Em 1235, a batalha de Kirina promoveu novas configurações, depois de o príncipe Sundiata Keita (o Rei Leão) ter vencido o rei dos Sossos, Sumaro Kante. Por volta de 1250, o Rei Leão unificou o Mali sob um único trono (poder centralizado). Ele instituiu um novo Estado com novas leis e, com as forças militares, alastrou as fronteiras (Niane, 1984).

Na África, no sul do Saara, havia o Reino do Kôngo.[1] Seu primeiro monarca mítico, Nimi'a Lukenya, destacou-se como grande guerreiro que unificou três Estados-territórios, antes do século VIII (Batsîkama, 2018). De acordo com a tradição oral, o primeiro rei encontrado pelos portugueses foi precedido por

1. A designação de "reino" é problemática, pela forma como a antropologia (colonial) definiu "tribo" e "etnia". Os próprios kôngos chamavam seu país de *nsi*. Isto é, Estado de leis (de Direito). Os municípios eram Estados-territórios autárquicos, com autonomia, que foram equiparados às dimensões de uma etnia.

três dinastias. Na primeira, leis, instituições e órgãos do poder foram estabelecidos por três monarcas que se sucederam: Nimi'a Lukenya, Nkayi'a Wungûdi e Ñnâng'ansi. A segunda dinastia tinha sua capital em Môngo'a Kilûnda, cujo poder era reconhecido por nove Estados-territórios. O monarca que se destacou aqui foi Mazinga ma Lûnda, e teriam existido mais quatro reis. No fim dessa dinastia, Ntînu Nsaku Ne Vunda uniu as duas capitais — Ñkûmb'a Wùngudi e Mongo'a Kilûnda — em um único país. Foram institucionalizados a escola dos funcionários administrativos, o conselho do reino, as instituições judiciárias, econômicas e políticas, assim como o poder religioso. A terceira e última dinastia foi debitada por um certo Ñtinu Nim'a Ñzînga, eleito pelo conselho do reino (representado por 144 líderes tribais). Depois, foi eleito Lukeni lwa Nimi, o primeiro com título de ñtôtila (unificador).

No Império Lûnda — construído por nove poderosos Estados-territórios —, o poder era um espaço especializado e compartimentado desde o século IX (Vansina, 2012). Os agentes administrativos eram formados para exercer suas funções com êxito, e o sistema político era eletivo. A figura de Mwati'a Ngânda simboliza o poder militar e político (Bastin, 2009), ao mesmo tempo típico de *nkani*, polígamo invocado desde Tsodilo Hills, em Botsuana (Vansina, 2012). As escavações não são conclusivas, embora apontem o nascimento do império por volta do século IX de nossa era.

Isto é, antes da presença árabe e europeia, reinos africanos gozavam de organização política de Nação, alicerçados por Estados-cidades ou Estados-territórios, com forte presença das instituições jurídicas, militares e culturais (línguas, religião etc.). Isso se verificou também na África Oriental, pois, tal como nos deixa perceber o navegador Duarte Barbosa (1946), no início do século XVI, Mombaça era um porto considerável e o poder local de Malindi alicerçava-se em instituições eficazes. Destaca-se, desde o século XI, o Estado de Zimbábue, cujas ruínas e usos e costumes deixam claros dois aspectos: (1) tratava-se de um Estado-núcleo Mapungubwe no século XI, com poder centralizado, que já explorava o ouro antes de se tornar o reino de Zimbábue no século XVI; (2) elevou-se um poder expansionista no século XV, época em que o cobre e o marfim foram presentes nas trocas comerciais com o mundo exterior (Summers, 1970).

Mas, antes, temos o Egito antigo, composto da junção de Baixo Egito e Alto Egito por Namer, em 3100 a.C. Até o Império Novo, Ramsés III (Usermaat-re-Meryanum) alastrou as fronteiras para as proximidades de Qadesh, em 1163 a.C. (Batsîkama, 2012). Durante essa época, o Egito era chamado de Kemet, "terra dos pretos". Cheikh Anta Diop esclarece que reinava uma multirracialidade acentuada, sendo o Egito o centro da civilização cujas origens se situavam na África negra (Diop, 1999).

A exploração das *Áfricas* pelos países europeus nos séculos XV-XIX, associada ao rude comércio dos africanos para as Américas e a Europa, provocou longas guerras. Reinos africanos foram desmembrados e destruídos devido às guerras até que a colonização, em 1885-1960, tornou-se um fato consumado. No entanto, independências foram conquistadas por meio de luta cultural, social, econômica, religiosa e política.

Durante a colonização, a África foi retomada na sua versão de "espaço estranho e alheia à História". Com isso, seus habitantes não poderiam ter consciência histórica. O discurso colonizador de "conquistar e civilizar" o bárbaro/primitivo buscou na antropologia/etnologia o suporte teórico. Em virtude disso, definiu-se uma África imaginada diferente da África vivida; tanto que a África cientificada passou a ser "continente da pré-modernidade" e diferiu-se da África não africana. Todas essas Áfricas foram categorizadas em um continente inerte, sem contribuição à humanidade. Em síntese, havia várias *Áfricas*, de modo que se tornaram estranhas aos próprios africanos. Foi nessa panóplia de *Áfricas*, de distração colonial, que a geração da negritude e africanidade surgiu, sedenta de independência política.

Contudo, era necessário contra-argumentar a tese da estagnação histórica. É assim que a africanidade é definida, duplamente, por "negação da artificialização da África" e por "afirmação consciencial de 'existir' no diálogo do progresso coletivo". A partir dessa dupla semântica, o conceito evoluiu no tempo e no espaço e pluralizou-se, seguindo quer a dinâmica de resposta em face das políticas de exclusão, quer o fio lógico e estético da redefinição das possibilidades do diálogo valorativo. Voltaremos ao tema mais adiante, quando falarmos de negritude.

Mas, antes, Leopold Sedar Senghor definiu africanidade como "um grupo de valores comuns aos mais antigos habitantes da África". Isto é, uma consciência da unidade civilizacional do Egito antigo inseparavelmente do resto da África. Com essa trama semântica, Cheikh Anta Diop cumpre um papel importante na ciência ao publicar um livro a propósito intitulado *Nações negras e cultura* (1973).

O Congresso dos Escritores Negros deu um salto determinante — tanto em Paris, no ano 1956, como em Roma, no ano 1959 — ao promover a africanidade em conjunto com o pan-africanismo, sem, portanto, perder sua essência de "movimento contestatário" de toda a artificialização da África. Os intelectuais elogiam sua ancestralidade — quer por meio da arte, quer por meio da ciência — como forma de redar um rosto à África (Mudimbe, 2013). Nesse elogio, estão incluídos dois processos: (1) a tentativa de descolonizar os conceitos pejorativos em torno de *negro*; (2) a ousadia de declamar a civilização negra, que, em tese, se desassocia da cor da pele. Voltaremos a esse assunto quando debruçarmos sobre a negritude, que é diferente de negridade.

A ancestralidade africana é complexa, tal como veremos com religião e política. A porta de entrada para colonizar as sociedades africanas foi a religião (Cristianismo e Islã). Há quatro correntes em relação a essa matéria. A primeira advoga que as sociedades africanas sucumbiram porque sua espiritualidade (cultura, em geral) foi transformada (Wiredu, 2010; Segato, 2007). A segunda aponta a fragilidade das instituições políticas e econômicas perante a nova tecnologia trazida pelos Estados colonizadores. A terceira é da opinião de que a escravatura e as guerras civis precipitaram a África na sua inércia. A quarta sugere que os três aspectos anteriores determinaram a hegemonia ocidental para o *malheur* africano (Silveira, 1999).

Na ancestralidade africana, a religião é a origem da ordem que subsidia o êxito funcional da política. O Cristianismo e o Islã sempre estiveram em luta contra as crenças locais nas sociedades africanas. Georges Balandier (1985) estudou a cidade habitada por não urbanos com as imposições urbanas e notou que a transformação do não urbano em urbano — que passa pelo êxodo rural, pelos processos de multiculturalismo, pelos problemas de trabalho ou de organização política — cria uma categoria quase neutra. E, no campo da religião, o *sagrado* foi vulgarizado pelas imposições topográficas da cidade (Leenhardt, 1966).

Por conseguinte, esse sagrado foi misturado com Cristianismo, e ter cedido ao prelado e à cooperação com o político — o messianismo, com André Matsoua, por exemplo — revela uma forte influência no nacionalismo congolês, mas a urbanidade política encarcera-o como forma de neutralizar toda força nacionalista que o sacerdote local trazia para a libertação dos oprimidos. Isso aconteceu quase em toda parte da África (Bureau, 1996; Peel, 1968; Sundkler, 1948).

Hoje, a africanidade tornou-se a estrutura de valores da consciência histórica que prestigia a autenticidade de um concerto multicultural, plurirracial, que caracteriza o legado de várias Áfricas e, na base das evidências históricas, reforça um ideário libertador capaz de negar toda submissão de qualquer supremacia que seja.

Negritude

Aimé Césaire invoca a negritude em dois domínios correlacionados: poesia e política. Com isso, associa a África negra ao Haiti pelos ideais revolucionários de erguer uma consciência estética, capaz de perceber a cátedra da beleza.

Senghor é da opinião de que negritude é o conjunto de valores da África negra. Albert Memmi (1968) prefere diferenciar negritude de negridade e define a última como "o grau de participação de cada preto na personalidade do grupo [...] que será uma noção essencialmente dinâmica e com muitas variáveis".

Léon-Gontran Damas faz da negritude a ferramenta da consciência política que, para ele, deveria orientar a *intelligentsia* dos afrodescendentes na base de cultura — vista como espaço de resistência e de afirmação — e distingue-se com seu poema não ortodoxo, cujo ritmo e metáforas enobreceram a literatura francesa de origem africana.

Há dois domínios por separar aqui. O primeiro é considerar a negritude uma corrente artística — que envolve não só escritores africanos, mas também artistas de outras nacionalidades — que nega a opressão colonial ou pós-colonial das beldades do negro. O segundo domínio encoraja a consciência negra a valorizar sua ancestralidade e elevá-la à urbanidade da beleza. Jean-Paul Sartre (1948) considera a negritude um programa das "culturas negro-africanas" contra o colonialismo: um tipo de revolução contra a hegemonia simbólica. O fundador da revista *Présence Africaine*, Alioune Diop, considerou-a humanismo negro no seio do mundo, para criar, por meio do estudo da arte, da literatura e das ciências sociais, uma rede de ideias entre intelectuais.

A luta contra o colonialismo pela arte parecia atemporal, podendo — como o deixa perceber Jean-Paul Sarte — proporcionar outros espaços de liberdade:

> A negritude, como a liberdade, é o ponto de partida e seu fim último: trata-se de fazê-la passar do imediato ao midiático, de tematizar. Cabe, portanto, ao negro morrer na cultura branca para renascer na alma negra, tal como o filósofo platônico morre em seu corpo para renascer na verdade.[2] Esse retorno dialético e místico às origens implica necessariamente um método. Mas esse método não se apresenta como um conjunto de regras para a direção do espírito (estruturas mentais). É um com aquele que o aplica; é a lei dialética das transformações sucessivas que levará o negro a coincidir consigo mesmo na negritude. Não cabe a ele saber, nem se afastar de si mesmo em êxtase, mas descobrir, ao mesmo tempo, e tornar-se o que ele é (Sartre, 1948).

Em 1960, ocorreu a independência de diferentes países da África, e a negritude desempenhou papel decisivo na preparação intelectual dos independentistas. Entre 1963 e 1973, verificaram-se vários golpes de Estado, e a negritude deixou de ser o espaço de consciência política. Outras independências aconteceram entre 1975 e 1980 e, no mesmo período, uma guerra civil ceifava vários países africanos. Nascia a angolanidade, a moçambicanidade como "ideologia" orientadora de uma emancipação cultural (espiritual). Forte defensor da negritude, Thomas Sankara viu-se traído com alto apoio francês quando decidiu buscar a emancipação integral da África — um tipo de Che Guevara africano — associando a consciência cultural ao pragmatismo de libertar a África das amarras neocolonialistas que empobrecem o continente: expressou uma africanidade que ainda nos inspira nos dias de hoje (Fischer, 2018).

O ano 1990 foi a época da democracia na África, depois de três décadas de insucesso na visão europeia. A negritude foi esquecida nas ações, mas constantemente evocada nos discursos. Com o fim da Guerra Fria, entre 1993 e 2002, redesenhou-se um submapa geopolítico que levava os governos africanos a obedecer à vontade invisível de seus ex-colonizadores. A negritude limitou-se à beleza, sem, em termos práticos, desafiar com sucesso a guerra civil; ela se articulou com a democracia na medida em que proclamava uma democracia social (entre preto/branco, assalariado/empregador, opressor/oprimido).

---

2. Na acepção de Jean-Paul Sartre, a verdade pressupõe a existência além da matéria, sendo o resultado dos valores na sociedade. Isto é, a verdade está na *essência* do indivíduo.

O que acontece hoje é o pouco interesse pela leitura e pelas linguagens da arte (com carga filosófica) que empobrece a juventude. A África torna-se vulnerável sem repensar sua negritude.

Em outros espaços, no caso do Brasil, a negritude — assim observou Roger Bastide (1961) — já existia nas manifestações da ancestralidade e em outras atitudes de resistência que se associam ao nacionalismo. Talvez ele estivesse falando de negridade, que é a qualidade sociocultural do afro-brasileiro que mantém sua ancestralidade e constantemente busca nela razão de resistir às exclusões. Ainda assim, pensamos que o sentido de negritude esteja presente no Brasil e ultrapasse a noção da pele: basta ter origem africana. A negridade associada à ancestralidade comportava um novo universo pan-africano. A negritude torna-se uma feliz mestiçagem da dinâmica na democracia social (Carrilho, 1975): uma identidade racial e cultural aberta ao concerto identitário brasileiro (Freyre, 1957).

Gilberto Freyre olha a negritude no Brasil além da expressão de ancestralidade — talvez como imperialismo cultural africano — e prefere o luso-tropicalismo. Há quatro relações operacionais dos representantes societários no luso-tropicalismo: (1) democracia racial, unidade cultural de quem fala português; (2) não violência, superioridade ética; (3) relações étnico-raciais e inter-raciais sem preconceito em busca da solidariedade entre os falantes de língua portuguesa; (4) discriminação racial praticada pelos portugueses contra os outros, sobretudo os guaranis, os tupis e os afro-brasileiros. Apesar de cometer alguns erros metódicos ao não perceber a negridade (umbanda, candomblé) como espaço de diálogo (e não de submissão), Freyre invoca a unidade cultural — que, na prática, não existe. Brasil é multiculturalidade, multirracialidade e plataforma concorrencial das identidades de afirmação.

Angolanidade

Joaquim Dias Cordeiro da Matta nasceu na cidade de Ícolo e Bengo (Angola), no dia 25 de dezembro de 1857, e foi autor de duas obras com grande expressão de pré-angolanidade: *Philosophia popular em provérbios angolenses* e *Dicionário de Kimbundo-português*. Antes de Placide Tempels, Cordeiro da Matta discutiu o provérbio como veículo da filosofia popular, em 1891. Reconhecem-se dele noções de filologia e pedagogia, com algum autodidatismo em história. No que diz respeito à filosofia popular, Cordeiro da Matta explora três domínios: (1) a produção cultural conectada à filosofia;[3] (2) a afirmação identitária legatária na concorrência social; e (3) a perscrutação dos saberes endógenos à luz da contemporaneidade.

Ele foi, também, poeta:
Negra! Negra! Como a asa
do corvo mais negro e escuro
mas tendo nos claros olhos
o olhar mais límpido e puro!

Este extrato de *poema* apresenta um aspecto pré-negritude inconfundível que norteou os primeiros textos de Agostinho Neto, Viriato da Cruz, Mário Pinto de Andrade. Duas notas acerca dessa pré-negritude. Primeiro: o corvo significa duas coisas: (1) morte, marginalidade, lugubridade; e (2) erudição, fertilidade. Segundo: asa simboliza liberdade, inspiração ou espiritualidade, mas sobretudo conquista. A dupla significação contrária pressupõe revisão semântica por um pragmatismo contrário. Joaquim Cordeiro da Matta ressignifica a lugubridade do corvo, realçando sua inteligência e liberdade. "Tendo nos claros olhos o olhar mais límpido e puro". Expressa-se aqui a incumbência dos escolarizados de iluminar seus compatriotas que ainda estão na escuridão. Uma remodelação da caverna platônica. As duas publicações citadas são um programa da alfabetização na base de saberes locais. Joaquim Cordeiro da Matta faleceu em 1960.

Manuel de Oliveira Mayûngu está na primeira linha da angolanidade como diálogo intrínseco dos saberes locais, como estratégia de resistir contra toda a colonialidade pós-independência política. Nascido em São Salvador em 1915, ele viveu exilado em Matadi, onde aprendeu as teorias musicais e a tocar guitarra com um belga e oeste-africano. O músico expoente era Mayûngu — até agora considerado pai da rumba congolesa. Seu nome foi realçado quando a Unesco aprovou a rumba como Patrimônio Imaterial da Humanidade, em 15 de dezembro de 2021.

---

3. Na perspectiva de *Anti-Édipo*, de Gilles Deluze, a produção cultural é artística.

A afirmação cultural de Manuel de Oliveira Mayûngu associa dois pensamentos diferentes: (1) autonomia cultural na base do diálogo local/global: *kulturnation*; (2) alfabetização com fundo cultural em uma plataforma que valoriza a autonomia intelectual como ferramenta anticolonial.[4] Na sua música predomina o diálogo cultural com fins de revitalizar o *cross-culture* e prestigiar a afirmação intelectual-identitária em um mercado muito concorrido, embora desigual.

O aporte desse músico angolano na rumba congolesa é considerável em dois aspectos. Primeiro, pela melodia da guitarra. Segundo, a dança tradicional de Mbanza Kôngo, chamada "kumba", caracterizava a melodia por ele criada. Sua música apresenta quatro dos alicerces da angolanidade: (1) a não hierarquização dos aportes culturais; (2) a construção da identidade por meio de diálogo intrínseco; (3) a felicidade intelectual como síntese da luta pela liberdade; e (4) a descoberta de uma Angola profunda e inclusiva.[5] Esses alicerces caracterizam o trabalho literário dos finais dos anos 1950, principalmente em Agostinho Neto, Viriato da Cruz[6] e Mario Pinto de Andrade,[7] em uma época em que 96,97% dos angolanos eram analfabetos.

Importa aqui associar a figura de Voto Neves[8] (Aurélio de Oliveira Neves), que se destacou no grupo músico-teatral Ngongo com tripla identidade artística: músico, poeta e ator. Com acordeão e harmônica, ele alimentou suas composições no estilo musical rebita, mas sua maior relevância nasceu com a revalorização do cancioneiro angolano, em Luanda, entre 1940 e 1950. Promoveu jovens angolanos da capital, por meio de apoios financeiros regulares,

---

4. Grand Kale (Joseph Kabasele Tshamala), com *African Jazz* (1951), TP-OK Jazz (com Franco), Tabu Ley Rochereau, dr. Nico Kasanda (*Africa fiesta*) introduziram a música folclórica.

5. O Movimento de Novos Intelectuais de Angola vigorou em 1948-1951, com a publicação sumária da revista *Mensagem*.

6. Nascido em 1928, o poeta e nacionalista desenvolveu neorrealismo e negritude como base da pluralidade simbólica da cidade de Luanda. Faleceu em Pequim, em 1973.

7. Nessa lista cita-se também: Óscar Ribas (*Uanga*, 1951); *Revista Cultura* (1957-1970, com Mário António, Luandino Viera e Henriques Abranches); António Jacinto (1961). Em Portugal, a Casa dos Estudantes do Império. Mário António publicou *100 poemas*, em 1963. Mas foi marginalizado depois da independência, devido a sua posição pró-portuguesa.

8. Nasceu em 1881 e faleceu em 1961.

a conhecer outras regiões a fim de "evangelizar" a autonomia de uma cultura local alargada[9] e global.

Com isso, Voto Neves definiu os padrões da música popular angolana. Esse desiderato ficou mais claro com os objetivos que, particularmente, ele defendeu na altura da criação da Liga Nacional Africana. Como poeta, importa realçar que o Teatro Ngongo era música, dança e poesia. O simbolismo desse grupo artístico — *ngongo* — associa o mundo dos colonizados (sofrimento) à revalorização da mulher intelectual (contrariamente à mulher submissa).[10] Foi um autêntico concerto de diferenças socioculturais.

A poesia foi o palco de eminência da intelectualidade, com destaque para José d'Olim Cordeiro da Mata, Mário Arsénio Gonçalves, José Pedro "Pépé", António Domingos de Oliveira etc. Em 1952, o clube Bota Fogo foi criado no bairro do Marçal e muitos dos integrantes do grupo músico-teatral Ngongo estiveram envolvidos diretamente na luta de libertação, logo em 1961. Em síntese, o poeta, músico e dramaturgo Voto Neves foi decisivo na divulgação da música popular com identidade cultural plural como baluarte da luta intelectual de longo alcance para a libertação política.

Uma época específica predefiniu o protonacionalismo angolano, entre 1896 e 1905 e entre 1908 e 1911:

1. Época pós-Tratados (1896-1905): os Tratados constituíam a metodologia dos portugueses para instalar seu poder no futuro território de Angola. Mas registravam-se vários conflitos internos pelo incumprimento de alguns estipulados. Por outro lado, os insurretos reclamavam sua inclusão nos Tratados, o que resultou em vários Tratados em um mesmo povo (de Chifuma para Simulambuko; ou ainda Mona Samba em relação aos outros chefes Lûnda). Os descendentes dos

9. Entre 1940 e 1950, o nativismo apresentou dois aspectos: (1) presença africana, e não apenas angolana, na composição da intelectualidade de Luanda; e (2) provável ineficácia da luta reduzida apenas aos angolanos, visto que a configuração da colonização portuguesa tinha Forças Armadas para se defender.

10. Algumas das mulheres que passaram pelo grupo músico-teatral Ngongo são: Dina Stella Setas Viera Dias, Albina Faria de Assis, Amélia Rodrigues Mingas, Isabel da Paciência Veríssimo e Costa, Maria de Fátima de Sousa, Maria da Conceição de Almeida, Olímpia Dias dos Santos, Raquel Pitra Grós e Ana de Miranda Martins Monteiro, entre outras.

signatários foram os primeiros a se beneficiarem de formação (educação) europeia. Por conseguinte, foram os fiadores (na parte angolana) da observância das cláusulas. Durante a colonização demográfica, as primeiras resistências partiram dos "iluminados" conselheiros[11] dos chefes tribais ou étnicos. A criação dos Distritos é assegurada pela criação dos postos militares (e civis, também) que, ao tentarem sujeitar as populações, enfrentarão repetidas rebeliões ou insurreições — e, em alguns casos, a guerra.

2. Época das insurreições anticoloniais (1908-1911):[12] de um lado, a filosofia política da colonização portuguesa era discriminatória. De outro, era demasiado exploratória e pós-escravagista com os serviçais e o "trabalho indígena". As guerras que levavam tropas portuguesas a ocupar o interior de Angola e as resistências da população em ceder suas terras entravam na sua quarta fase.[13] Nessa postura anticolonial reside, em grande parte, uma reação imediata às imposições econômicas (na produção local, cuja mão de obra local era rentável e barata). Ou também uma "reconquista" das populações indígenas da autonomia de suas terras (outrora conquistadas pelos portugueses, que ali instalaram instituições administrativas e industriais).

Na formação dos partidos políticos, a angolanidade teve dois aspectos: a angolanidade apriorística, com o Movimento Popular de Libertação de Angola (MPLA); e a angolanidade rizomática, com a Frente Nacional de Liberta-

11. A maioria deles integrava a catequese, ou terá passado pela "escola dominical" das igrejas protestantes. Essa é a conclusão a que chegamos, ao analisar diferentes espólios arquivísticos em Angola (AHN, Biblioteca Municipal de Luanda) e em Portugal (AHM, AHU, ANTT etc.). Veja as referências bibliográficas.

12. Em 1908 foram registradas insurreições em três cantos de Angola: Norte, Sul e Leste. As razões são as mesmas: reapropriação das terras conquistadas pelas tropas portuguesas. Em 1911, de modo igual, registraram-se baixas entre a população local. Foi durante esse ano que Portugal, tornando-se República, lança algumas reformas.

13. A primeira fase se deu no século XVI: ocupação portuguesa e intromissão nos assuntos públicos no Kôngo, no Ndôngo e em Matâmba; a segunda ocorreu no século XVII, de um lado, com a derrota de Vit'a Ñkânga e, de outro, com a morte da Ñjîng'a Mbandi; a terceira fase teve lugar no século XVIII, "época das guerras angolanas", intensificadas pelas exigências do rentável comércio negreiro.

ção de Angola (FNLA) e a União Nacional para a Independência Total de Angola (Unita). Essas angolanidades estiveram na base do nacionalismo angolano, cujo prelúdio data de 1896 a 1911, como vimos. Esse nacionalismo é distribuído por duas encenações: (1) a ideologização dos suportes de uma dada nação étnica na concorrência doutrinal entre várias propostas; (2) a sobrevalorização do "sujeito étnico" no mercado democrático possibilitado pela variedade e pelo diálogo de nações étnicas. Nos dois momentos, o nacionalismo aparece não como "unicidade" de uma nação-modelo, mas geralmente como uma "pluralidade somática", quer de uma nação-modelo, quer de várias. De forma resumida:

1. Se o "sujeito comunitário" baseia-se nas relações de solidariedade mecânica, o "sujeito individual" é forçado a estabelecer "relações" com outro. Logo, a nação necessita das relações de solidariedade orgânica/regulamentar expressas na livre vontade dos constituintes.
2. O "sujeito comunitário", sendo produto de uma coletividade dinâmica, desenvolve um conjunto de símbolos (língua, crenças, danças etc.) que permite que institua, defenda seu "núcleo comunitário" e desenvolva conceitos e ideologias (no caso, o nacionalismo) que constituem, ao mesmo tempo, expressão coletiva (etnicidade) e expressão do Eu (subjetividade).
3. Caso o "sujeito individual" possa desenvolver identidades individuais que constituam seus capitais sociais, dois sistemas de "vida coletiva" fazem que não se perca sua pertença à comunidade: (1) a mecânica dos símbolos sob oxigenação do duelo entre "Eu subjetivo" e "Eu coletivo"; (2) a ambientação de "sujeito social", "sujeito cultural" e "sujeito político" a partir da relação das necessidades e da relação das forças[14] em espaço físico limitado.

Pela sua angolanidade apriorística, o MPLA é tido aqui como "nacionalismo da coesão". Ao ler o relatório de Georges Houser sobre as rebeliões em Angola (Houser, 1989), percebemos dois pontos interessantes do nacionalismo na FNLA/UPA: (1) o rompimento entre negro angolano e branco/colono; (2) a

14. O "sujeito social", o "sujeito cultural" e o "sujeito político" dinamizam toda a sociedade.

confusão na identificação entre um luso-angolano e um colonizador pela tez e cultura (Marcum, 1978). A anatomia política da Unita consoante a sua representatividade de espaços socioculturais realça um nacionalismo que aponta uma inclinação da elite oriunda das províncias meridionais (Heywood, 1989).

Os dados nos indicam, em resumo, que Angola é um "espaço" de todos que inicialmente os políticos tentaram construir com o nacionalismo. Posta de lado a educação nacional ideológica que o MPLA-Estado lançou durante vários anos (1975-1990), percebe-se que internamente há diferenças, mas todos estão a favor de uma Angola indivisível. Para ilustrar tal fato, uma "nova etnicidade" de se identificar dentro das suas respectivas "organizações políticas" (FNLA, MPLA, Unita) desconstrói as fronteiras das nações étnicas.

Em resumo, a angolanidade foi uma versão da africanidade — associada à *negritude* — que em Angola alicerçou a razão cultural na formação do amplo movimento anticolonialista que lutou para alcançar a independência. Os angolanos não se limitaram apenas a pegar as armas; construíram ideologias políticas alicerçadas, antes, nos valores culturais.

O sistema colonialista aprisionou os colonizados por via de leis e "chicotes", e promoveu a autonegação do africano no sistema social baseado na exclusão. Atacou as culturas locais a fim de tornar o africano estrangeiro e estranho à própria terra. Em Angola, vigoraram a Lei do Indigenato, que reduziu o angolano — depois de vários séculos de escravatura — a sujeito ao paradigma de "excluído" passivo: assimilado ou indígena. Foi necessária uma afirmação consciencial firme antes de pegar as armas e libertar-se do jugo colonial.

Aqui resumimos, em linhas gerais, a filosofia da colonização sobre a inferiorização do colonizado — africano, negro — que serviu de veículo para o êxito do colonialismo. Também analisamos alguns episódios marcantes da africanidade que enalteceu as culturas antigas como prova da civilidade do oprimido. Com isso se desenham as origens da angolanidade que impulsionou a luta de libertação.

O lugar da africanidade ou negritude na história da África pode ser apreciado de diferentes ângulos. Na nossa breve abordagem, interessou-nos destacar quão profícua ela foi em produzir os alicerces da consciência social. O caso de Angola procurou mostrar, com maior fidelidade de informação, como a angolanidade combateu os estigmas de exclusão que os nacionalistas herdaram da colonização. Foi alimentada pelos programas políticos que, além de alcançar objetivos anticolonialistas, deixaram o caminho traçado para uma afirmação cultural como ponto de partida na construção da democracia social.

Referências bibliográficas

BALANDIER, Georges. *Sociologie des Brazzavilles noires*. Paris: Armand Colin, 1985.

BARBOSA, Duarte. *Livro em que dá relação do que viu e ouviu no Oriente*. Lisboa: Agência Geral das Colónias, 1946.

BASTIDE, Roger. "Variations sur la négritude". *Présence Africaine*. Paris, jan.-mar. 1961, n. 36, p. 7-17.

BASTIN, Marie-Louise. *Arte decorativa cokwe*. Coimbra: Museu Antropológico da Universidade de Coimbra; Dundo: Museu do Dundo, 2009.

BATSÎKAMA, Patrício. *Introdução à história das artes em África*. Luanda: Mayamba, 2012.

_____. *Reino do Kôngo*: origens, política e economia. Luanda: Mayamba, 2018.

BOSCH VILÁ, Jacinto; LÓPEZ, Emílio. *Los almorávides*. Granada: Universidad de Granada, 1990.

BUREAU, René. *Le prophète de la lagune*: les harristes de Côte d'Ivoire. Paris: Karthala, 1996.

CARRILHO, Maria. *Sociologia da negritude*. Lisboa: 70, 1975.

DAVIDSON, Basil. *West Africa before the Colonial Era*: a history to 1850. Abingdon: Routledge, 1998.

DIOP, Cheikh Anta. *Nations nègres et Culture*: de l'Antiquité nègre-égyptionne aux problèmes culturels de l'Afrique noire d'aujourd'hui. Paris: Présence Africaine, 1999.

_____. "Egypte anciènne et Afrique noire". In: *Bulletin de l'IFAN*. Université de Dakar, Dacar, v. 24, série B, n. 3-4, 1962, p. 449-574.

FISHER, James. *An intellectual history of Thomas Sankara*. Dissertação (Mestrado) — Ohio University, 2018.

FREYRE, Gilberto. *Casa-grande e senzala*. Lisboa: Livros do Brasil, 1957.

HEYWOOD, Linda. "UNITA and Ethnic Nationalism in Angola". In: *The Journal of Modern African Studies*, n. 27, v. 1, 1989, p. 47-66.

HOUSER, George. *No One Can Stop The Train. Glimpse of Africa's Liberation Struggle*, Nova York: The Pilgrim Press, 1989.

LEENHARDT, Maurice. "Prophetisme Africain". In: *Le Monde Non Chrétien*, n. 79/80, 1966.

MARCUM, John. *The Angolan revolution*: the anatomy of explosion (1962-1976) — v. II. Cambridge: Massachusetts Institute of Technology, 1978.

MEMMI, Albert. *L'homme dominé*. Paris: Gallimard, 1968.

MUDIMBE, Valentin Yves. *A ideia de África*. Luanda: Mulemba; Lisboa: Pedago, 2013.

NIANE, Djibril Tamsir. "O Mali e a segunda expansão Manden". In: *História Geral da África*. África do século XII ao XVI, v. 4. São Carlos: Universidade de São Carlos; [s.l.]: Unesco, 1984, p. 117-71.

PEEL, John Yadon. *Aladura*: a religious movement among the yoruba. Londres: Oxford University Press, 1968.

SARTRE, Jean-Paul. "Orphée noir". In: SENGHOR, Leopold. *Anthologie de la nouvelle poésie nègre et malgaxe de languer française*. Paris: PUF, 1948, p. 9-44.

SEGATO, Rita. *La nación y sus otros*: raza, etnicidad y diversidad religiosa en tiempos de políticas de la Identidad. Buenos Aires: Prometeo, 2007.

SILVEIRA, Renato da. "Os selvagens e a massa: papel do racismo científico na montagem da hegemonia ocidental". In: *Afro-Ásia*, n. 23, 1999, p. 87-144.

SUMMERS, Roger. "The Rhodesian Iron Age". In: FAGE, John; OLIVER, R. Papers in African Prehistory. Cambridge: Cambridge University Press, 1970, p. 157-72.

SUNDKLER, Bengdt. *Bantu prophets in South Africa*. Oxford: Oxford University Press, 1948.

VANSINA, Jan. *How societies are born*: governance in West Central Africa before 1600. Charlotteville: University of Virgina Press, 2012.

_____. *Les anciens royaumes de la savane*. Leopoldville: Institut de Recherches Economiques et Sociales, 1965.

WIREDU, Kwasi. "African Religions from a Philosophical Point of View". In: TALIAFERRO, Charles; DRAPER, Paul; QUINN, Philip L. (orgs.). *A companion to philosophy of religion*. 2. ed. Malden, Oxford e West Sussex: Blackwell, 2010.

7. Ecologias da proteção e da (lou)cura no contemporâneo dogon: narrativas e poéticas

Denise Dias Barros

Os dogons são uma população que vive majoritariamente em territórios localizados na região central do Mali, África do Oeste, mas também está presente nas proximidades de Ouahigouya, no norte do Burquina Faso.

Está em curso um avanço do processo de privatização de terras em diversas regiões do Mali. Esse é o caso das terras férteis do centro do país. Isso se faz com apoio do Estado, de pessoas e empresas da capital. Por outro lado, a guerra iniciada no norte do país em 2012 acentuou a ausência do Estado do Mali como garantidor de direitos e de serviços fundamentais. Esses elementos, somados à farta disponibilidade de armas, criaram condições para a emergência de grupos locais de segurança e defesa, sobretudo após as ações extremistas como as conduzidas por Amadou Koufa. Nesse processo, a confraria de caçadores dogons se mobilizou para a defesa da sociedade e inúmeros jovens têm sido treinados para proteger suas localidades. Segundo Tounkara (2019), as comunidades se veem obrigadas a se proteger sem o Estado e contra o Estado. Diz o autor: "O Mali Central, considerado há muito tempo um refúgio de paz onde diferentes comunidades étnicas viviam harmoniosamente, é hoje a região mais turbulenta do Mali devido à crescente insegurança" (cf. também Keïta, 2017, e Thiam, 2017).

No dramático presente da sociedade dogon, revisitar os temas aos quais me dediquei por quase três décadas, e que, certamente, transformaram os destinos de minha vida combina desafio intelectual e grande dificuldade afetiva.

Busquei, de início, compreender as relações e os processos coletivos desencadeados por experiências da loucura como sofrimento pessoal, social e cultural. Essa temática constituiu o centro de meus estudos tanto no Brasil e na Itália como no Mali até o final dos anos 1990 (Barros, 1994; 2004).

O adoecer é um acontecimento complexo que implica, de maneira profunda, pessoa, grupo, coisas, cultura e redes sociais de relações, mas convoca seres alter-humanos[1] à coexistência com a natureza. Assim, as reflexões aqui desenhadas revisitam um conjunto de compreensões trabalhadas a partir do contexto dogon (do planalto e da falésia malineses) que dão forma e inteligibilidade a dimensões do cuidado e da busca de equilíbrio interpessoal, inter-seres (humanos e alter-humanos) e ecocultural.

Minha base de estudos são as experiências ligadas à loucura (*wede-wede*), entre outras modalidades de angústias, aflições e inquietações que afetam a vida. Meu percurso foi viabilizado, na década de 1990 e no início dos anos 2000, pelas pesquisas abertas pela equipe que idealizou, criou e fez a gestão dos primeiros anos do Centro Regional de Medicina Tradicional (CRMT) de Bandiagara (situada no planalto dogon).

Minhas pesquisas beneficiaram-se, sobretudo inicialmente, daquele importante trabalho. Foram, contudo, construindo dinâmicas e trilhas próprias ao longo dos anos, quando conheci e percorri diferentes regiões com distintos falares dogons e trabalhei no esforço da observação, do convívio e da participação no cotidiano de algumas localidades. Mais tarde, seguiram-se muitos anos de acompanhamento de processos de vida e diversos outros estudos interrompidos de modo forçado, pois fui obrigada a me afastar fisicamente devido à insegurança instalada desde 2012 e à intensificação do conflito armado a partir de 2015. Há, portanto, nesse processo de escrita sentimentos contraditó-

---

1. Termo utilizado de modo amplo para me referir a formulações que apreendi durante o período de pesquisa na sociedade dogon (Barros e Mariano, 2019). Indica o entendimento de coexistências visíveis e não visíveis, que incluem a ancestralidade que compõe a pessoa, além das interações com a matéria que não se reduz a objeto. A dimensão do duplo (*ewuum* entre os joola, conforme Odile Journet-Diallo, 1998), animal ou vegetal, se soma — na abordagem de Fábio Leite (2008) — como princípio vital de animalidade e espiritualidade. O termo remete a Francis Nyamnjoh (2001), às "multiplicidades simultâneas" das dimensões articuladas da vida, e conta com importante reflexão na literatura (a exemplo de Alain Mabanckou, 2006). No entanto, permanece inacabada, pois esbarra nos limites epistemológicos euro-americanos.

rios — nostalgia, tristeza — e, ao mesmo tempo, um convite a recordar que há séculos as dificuldades têm sido muito menores do que a capacidade criativa e de resiliência.

O capítulo está construído no exercício de (re)interrogar o material de pesquisa que permanece desafiando o pensamento. Nessa revisitação, a ideia de proteção (*kajabu*) foi construída como conceito-passarela entre narrativa de vida, conto, universo terapêutico e pensamento artístico. Ela permite alinhavar conhecimentos complexos que são frequentemente simplificados e mantidos disjuntos: saúde, oralidade, performances diversas, dança e artes visuais. Para discutir as elaborações de artes visuais, trabalhei aqui com processos derivados das localidades de Yenduma Atô (falésia), Bandiagara (planalto) e da capital do Mali, Bamako. Foi preciosa a colaboração de Lígia Meneghel Chagas para a conversação com o artista dogon Abdou Oulogue m.

A distância, a comunicação com diversas pessoas ocorreu graças a aplicativos digitais, sobretudo WhatsApp, Facebook e Skype, que viabilizaram diálogos sobre dúvidas pontuais e precisões. Para a ressignificação, transfiguração de narrativas orais e experiências de vida em corpos dançantes, resilientes e curativos, Gal Martins e a Cia Sansacroma, mais especificamente em seu trabalho "Sociedade dos improdutivos" (2015), apoiam o caminho da reflexão.

Conhecimento como grafia da vida: (re)tecendo compreensões em torno da loucura e de espaços curativos dogons

Retomar a noção de saúde significa atentar para o processo permanente de formação e socialização que se realiza na intersecção entre a pessoa e seus ancestrais (Leite, 2008), nas práticas definidoras de ser-em-comunidade e da territorialidade, sem esquecer a dimensão existencial e estética dos itinerários e das linguagens expressivas singulares. A ideia de saúde pode ser percebida como estado de equilíbrio entre pessoa — em sua complexidade e movimento constante — e seu meio ambiente (visível e invisível, animado e inanimado), além da participação na comunidade do presente, do passado e de sua inscrição futura. A saúde "deriva do equilíbrio entre imagem de si e papel social efetivamente assumido" (Coppo, 1993, p. 67).

Com base nesse caminho, busco interstícios entre pessoa, percepções e sofrimentos ligados à loucura como fenômeno existencial para o qual a sociedade mobiliza não apenas doentes, familiares ou especialistas (adivinhos, terapeutas ou chefes de culto). Ela convoca o entendimento poético, a palavra dos contos, a ação de iniciados como caçadores, além de permitir diversas interconexões entre drama e arte, entre existência (visível e não), sentido e performance, em laços íntimos e de contiguidade com matéria, territorialidade e natureza.

> Quando a gente dorme na mata, existem coisas que se aproximam. Não é todo mundo que vê. Para mim começou desde a infância. Quando era menino, eu vi um velho na mata com um bastão e ele me pediu água. Eu disse que não tinha. Ele me pediu dinheiro (naquele tempo não existia dinheiro), eu disse que não tinha. Então ele me disse que se eu não tivesse água e quisesse beber, que me aproximasse de certa pedra, lá eu encontraria. Eu acreditava que era uma pessoa, mas ela aparecia como homem, como mulher ou como gênio. Durante três anos não contei a ninguém esta história. Depois contei a meu pai e ele disse que a gente não deve falar coisas semelhantes. Foi assim que a doença começou. (entrevista com Mamadou Seiba, 6 dez. 1994)

O enigma, forma comunicativa desafiadora, é modalidade muito recorrente nos relatos de incidentes graves, como a emergência de crises. Na experiência da loucura, momento de rompimento do equilíbrio e de perda dos fatores de proteção, a pessoa vê enfraquecida a relação entre seus diferentes componentes, pois estes se dispersam. Essa passagem de Seiba confere poder explicativo às percepções, às memórias de um mundo relacional expandido e complexo entre seres humanos, seres da mata, transmutações e mensagens graves e ambivalentes (entre medo, dispersão, palavra e legado protetivo).

A desordem pessoal pode dar lugar ao desrespeito aos (ou à incapacidade de lidar com) códigos de conduta interpessoais (gritar com os mais velhos ou interromper sua palavra, vestir-se inadequadamente ou ficar nu em lugar público, roubar, agredir sem razão, fazer medo nas crianças, fugir para a mata); à violação de um pacto ancestral (penetrar em lugar sagrado, transgressões alimentares); à violação dos preceitos que regem as relações dos homens com a natureza visível (cortar árvores em lugar sagrado, deixar de cumprir os ritos de purificação da mata etc.) e com os seres não visíveis (penetrar em locais onde estes vivem sem pronunciar as palavras de proteção). São os códigos de conduta socialmente compartilhados que fornecem os parâmetros para a distinção, plástica, ambígua e instável, mas normativa e socialmente construída, entre as margens dos campos da experiência possível e passível de coabitação e os acontecimentos disruptivos. Em outras palavras, são os sinais que permitem entrever uma possível emergência de crise pessoal-grupal, mesmo se configurando, simultaneamente, como situação que exige sentidos compartilhados e negociados.

Há terminologia própria em diferentes falares dogons para designar uma situação que remete à loucura. Entre as origens do sofrimento, são evocadas pelas pessoas com as quais conversei as seguintes: ligada ao destino ou a causas indeterminadas — *amba lulɔ* ou *amba wede*; transgressão — *dama lulɔ* ou *Dama wede-wede*; enviada por outros — *dabile lulɔ* ou *dabile wede-wede*; encontro com seres invisíveis que compartilham o espaço terrestre com os homens — *ogulu belen lulɔ* ou *ogulu belen wede-wede*; ligada aos eventos disruptivos no contexto da religião, migração, pobreza ou mediante situações dramáticas e súbitas da vida (Barros, 2004).

Como em outros falares dogons, há uma rica concepção com variado vocabulário Mombo domu (Songho) que vai além do termo específico, *keege* (pessoa enlouquecida): *Inda kɔɛnsa* — pessoa mata tem; *inda ko uru* — pessoa cabeça doente; *inda ko na dorɛ* — pessoa cabeça sua moveu; *inda ko na ingi* — pessoa cabeça levantada; *inda kabusa* — pessoa companheiro tem; *inda ko na kieliga* — pessoa cabeça não completa; *inda ko na bindilie* — pessoa cabeça virada; *inda ko na inla* — pessoa cabeça não lhe pertence. Outras expressões que se referem a algo diferente que pode ser ou não loucura: *deni deni inda* (dia-dia pessoa) para se referir àquele que tem expressões e comportamentos instáveis; *inda ko saandaga* (pessoa, cabeça, não tem) para indicar alguém que provoca forte estranhamento social e cultural, que não se reconhece ou não se comunica e/ou não age socialmente de modo semelhante aos outros.

A expressão *keege* (interpretada como equivalente ao termo loucura) não é utilizada na comunicação direta com a pessoa ou familiares por ser considerada ofensiva. Usa-se preferencialmente *inda kɔ ɛnsa*, que recobre um campo amplo de significação e de manifestações de intensidade e gravidade diferentes. Fala-se que tal pessoa não tem cabeça (*inda ko saandaga*) tanto para quem é considerado *inda keege* como para *inda yaba*, *inda bonoko* ou para aquele que perde facilmente suas coisas ou se confunde frequentemente. Para o indivíduo que não recebe tratamento ou se encontra em situação de abandono, utiliza-se a expressão *inda diendiɛ* (pessoa, deixada). Aquele que vaga só ou não tem alguém que cuide dele é *inda duja*. As pessoas de cabeça leve (*inda ko na ɛla*) temem tudo que ocorre abruptamente e, assim, têm maior probabilidade de ser afetadas pela loucura.

Diferentes das pessoas de cabeça pesada (*inda ko na donga*), que não reagem impulsiva ou intempestivamente nem se enervam com facilidade, elas têm o coração pousado, *inda dongo na dain* (pessoa, coração, seu, pousado). Esses indivíduos dificilmente se tornam *keege*, são mais protegidos. A estabilidade ou instabilidade pode ser hereditária, transmitida de uma geração a outra, ou ligada a seu destino determinado por Amanan (criador). Entretanto, é preciso ressaltar que existem circunstâncias de vida, como o empobrecimento repentino e a perda de parentes, que podem deixar as pessoas mais expostas às doenças.

Aquele que não sabe realizar os serviços ou trabalhar, nem tem boa memória, perde-se no caminho com facilidade e frequentemente é teimoso, sendo denominado *yaba*. Para ele, não há tratamento nem cura. A doença é percebida quando não consegue reter a baba, às vezes não é capaz de erguer bem a língua. Considera-se que a mulher não deve dormir sob determinadas árvores, como a tamarineira (*somu*) e o mogno africano (*pelu-pelu*). Às vezes acomete os descendentes de caçadores (*daana* — homem que passou por iniciação específica) que fizeram acordo com um animal que lhes pediu que não o matasse (o animal envia uma maldição e estraga o medicamento). Diz-se também que a doença pode afetar a criança que come os próprios excrementos. Se uma mulher ou um homem *yaba* tiver filho, este terá a mesma doença. Se um pai ou mãe amaldiçoa um(a) filho(a), os filhos deles se tornarão *inda yaba*.

Outra manifestação é o *bonoko*, no qual a pessoa faz coisas surpreendentes e o qual só pode ser curado com um susto. Diz-se que, em outros tempos, a pessoa era levada para fora da vila e um cavaleiro aparecia de repente para agredi-la, fazendo que corresse para a vila. O *bonoko* começa a se manifestar em comportamentos como vagabundagem, roubos e falta de educação, estando associado a uma educação em que os pais não impõem limites, atendendo a todos os desejos infantis. Um dos tratamentos se dá quando o caçador prende a pessoa sobre um formigueiro. Então ele entoa uma canção, acompanhado do *kon* (*daana gekon*, instrumento de três cordas feito de madeira e coberto com pele de feto de cabra). Porém, se a doença se agravar, poderá se transformar em *keege*.

Outra manifestação associada à loucura é *yale*, vento ruim (turbilhão). Quando ocorre, o abdome incha e, às vezes, a pessoa acometida apresenta tosse e febre. Se o tratamento for aplicado e a cura não vier em uma semana, trata-se de envenenamento (*yaandi*), mas os vermes também podem ser a causa. Nesse caso, procuram especialistas para fazer as escarificações ao redor do umbigo (*bɛlɛbɛnge*). A doença *yale* que se torna crônica e não responde aos tratamentos pode virar loucura.

Para a leitura de sinais e sentidos, são chamados adivinhos (*kundu-ne*, *almaga*), terapeutas (*jon-joŋu-ne* em donnosɔɔ ou *joŋu-jonge* em Ejege domu), marabus, caçadores e aqueles que têm conhecimentos herdados ou construídos ao longo de sua trajetória de vida. Há, ainda, outras categorias de pessoas que podem intervir: o ferreiro, o feiticeiro (*dugu-ne*), o aliado dama-ga (na língua donnosɔɔ, parentesco de troça/relações jocosas[2]) e o *binu-kedu-ne*, representante do ancestral protetor da linhagem.

A noção de ancestral encontra fundamento no princípio de imortalidade (Leite, 1992, p. 142): “Imortal em sua dimensão mais histórica, portador de carga social diferencial que é a da sociedade a que pertence, o homem pode ser compreendido pela sociedade como ser total que se manifesta durante sua existência visível — quando é o pré-ancestral — e após ela”.

Como modular conhecimentos e linguagens, tornar momentaneamente dizíveis e visíveis situações e acontecimentos existenciais, culturais e sociais que nem sempre se mostram compatíveis com a palavra escrita? Como criar estratégias de linguagem que viabilizem o complexo e o simultâneo (ambíguo ou ambivalente, contraditório ou paradoxal) para enlaçar compreensões sobre aflições e os caminhos para a ressignificação existencial? Como permitir a copresença de linguagens, poéticas e expressões estéticas, comumente mantidas separadas no plano do conhecimento acadêmico mesmo mediante o custo de trair o vivido e a experiência? Com tais interrogações percorro, neste texto, pistas da intuição e trilhas sedimentadas no esforço do entendimento êmico, mas não essencialista, que postula a contemporaneidade de elaborações do pensamento dogon.

---

2. Veja Mauss, 1979; Radcliffe-Brown, 1973.

Uma das trilhas, "co-habitar", volta-se para as tensões entre espaços humanos e alter-humanos na copresença de conhecimentos, enlaçando seres, meio ambiente e existência em movimento permanente de esforço de equilíbrio e risco de rupturas. A constituição da pessoa é preocupação e trabalho, mas ela pode, mesmo sem intenção, constituir-se em expressão de antagonismos e percorrer derivas existenciais, afetivas e sociais. Os perigos que rondam a existência humana exigem um conjunto de conhecimentos sociais e identitários, história da linhagem com suas interdições específicas, práticas de cuidado aos próprios ancestrais, preceitos ligados a seres não visíveis e regras vinculadas ao meio ambiente.

Os espaços curativos, desenhados por conhecimentos e suas linguagens, investidos de poética, permanecem ancorados na intersubjetividade e na compreensão de ser-com a natureza. Isso significa a coexistência entre seres dotados de palavra e não (coisas), entre as sociedades visíveis e as não visíveis à maioria das pessoas. Esses espaços configuram-se como públicos ou como restritos ritualmente por serem locais de culto com suas obrigações codificadas.

A outra trilha interrogativa, ético-estética, assume o conhecimento como inseparável de formas expressivas plurais, como arte-vida em sua capacidade de operar simultaneamente registros diversos de apreensão do real, de criação, recriação ou transformação. Portanto, a construção do conhecimento age e retroage expressivamente sobre seus contextos por meio de diferentes interlocuções internas e externas à própria sociedade.

A pessoa é definida em um sistema de relações cujos parâmetros mais significativos são a filiação e a aliança. Desde sua concepção, a criança é alvo de inúmeros perigos, sua sobrevivência é incerta. A ação constante da sociedade na construção do indivíduo conhece momentos de síntese desde o nascimento. Esse processo se cumpre por meio de processos individuais e coletivos. A pessoa, ao longo de sua existência, precisa adquirir sensibilidade, formar-se como ser que compreende sua interdependência ecocultural, expressão singular e dotada de força. Ela necessita, ainda, construir saber e fazer a coabitação de intertemporalidades.

As rupturas podem ser inúmeras, o trajeto é pleno de riscos e de possibilidades, as interferências de outros seres e as ações cotidianas podem colocar em perigo a integridade e, portanto, a saúde: acidentes, doenças, enganos, transgressões, influência de outros seres e interconexão dos destinos humanos e não humanos. Para o constante caminhar da existência, a noção de proteção torna-se central. Ela é trabalhada constantemente, evidenciando os trânsitos entre seres e a importância da materialidade dos objetos que, trabalhados, se tornam objetos-seres dotados de força nos cenários de prevenção, cuidado e cura.

Seres em entrelaçamentos de existências humanas e não humanas. Co-habitar

O princípio de interferências entre os seres é uma característica importante da interpretação de mundo dogon. A narrativa presente nos contos contém muitas dimensões de linguagem que encontram correspondência nas narrativas de vida. Diferentes textos orais, nesse contexto, procedem pela dramatização (Diagne, 2005) e pela performance a fim de organizar e construir sentidos, dentro de um corpus de práticas em que as experiências se fundem em uma intersecção de saber comum, formas de comunicação poética e performances-conhecimento (Zumthor, 2007). Na transmissão — por meio de contos —, o saber pode se acomodar bem (Calame-Griaule, 1965) na dramatização ordenada e sistematizada, mas sem exigência de estabilidade e rigidez.

A palavra do mundo (*aduno-sɔɔ*) foi posta em todos os seres que receberam de Amma uma mensagem (palavra) a ser decifrada e conhecida não apenas para seu uso, mas também para estabelecer relações (Calame-Griaule, 1965) que permitam leituras necessárias do mundo. Essa noção remete ao "conjunto de enunciados históricos vitais existentes, referentes a uma dada sociedade, que a explica no tempo e no espaço" (Leite, 1992, p. 89). Ela se exterioriza nos contos, deslindando e, simultaneamente, erigindo modos de pensamento, valores e processos que ocorrem no interior das práticas históricas. Permite, assim, entrever como a sociedade se confronta com seus problemas, seus impasses, seus transbordamentos e também suas falências e rupturas.

Toda ação se constrói como manifestação da pessoa e do ser-no-mundo-dogon. Assim, a aquisição da palavra é fundante e localiza a sociedade humana entre os seres dotados de palavra (*kíde sɔɔ sɔɔy*). O conto é palavra tecida, vinculada simbolicamente ao algodão (Calame-Griaule, 1965). Não é palavra secreta, mas é palavra íntima com enigma, *sɔɔ banguru*, ou *sɔɔ dɛun sɔɔ*, palavra do quarto cujo desfecho se conhece apenas no final.

Entre os saberes constituídos — que concorrem para a formação da compreensão e da busca de sentido e de soluções para o adoecimento —, destacamos as imbricações ambiental e humana. Há, então, um conjunto de sofrimentos que adoecem vindo de perturbações relacionais com o meio ambiente, *ogulu belen lulɔ* ou *ogulu belen wede-wede* (relativas aos seres da mata) e *dama lulɔ* ou *dama wede-wede* (relativas a efeitos de transgressões ambientais).

O conhecimento vernacular da vegetação, do solo, dos recursos hídricos integra tanto a avaliação ecossustentável como a construção de dimensões estéticas, simbólico-identitárias, da copresença do corpo e do ambiente para compor os campos da vida. Os terapeutas devem ter iniciação que cubra tais dimensões. As práticas relativas à natureza permitiram desenvolver, com sua flexibilidade, o cultivo das espécies com técnicas para cada tipo de solo, a fim de buscar a regeneração e a fertilidade.

Van Beek (1993, p. 57) considera que há grande flexibilidade e capacidade de integrar novos elementos e uma ampla visão compartilhada do ecossistema. A noção de cultura, *dogɔ ozu* (caminho dogon), carrega a ideia de movimento; portanto, a mudança está no caminhar das construções da identidade cultural dogon. A expressão que indica o conceito de tradição, conforme compreendida por Jacky Bouju (1995), em donnosɔɔ, corresponde ao sentido de "palavra do passado que encontramos (*yaatembi soo-go*)" com duas conotações. A primeira, *yaatembi*, indica práticas encontradas por quem enuncia (que preexistam). A segunda, *soo-go*, carrega o sentido de herança cultural, remetendo ao que foi recebido do passado. Nela se autoriza uma margem de interpretação em uma recepção ativa (Bouju, 1995), mas indicando menos densamente a ideia de transformação.

Neste estudo, trabalho com narrativas orais, visuais e corporais com suas circularidades e transformações para detalhar alguns enunciados em movimento, especialmente, entre (des)proteção (loucura e transgressão) em diferentes registros expressivos (entendidos como complementares).

O conto que segue foi registrado em 1995. Nessa narrativa do gênero *ɛlumɛ* (língua donnosɔɔ) ou *tuŋɔ* (língua teŋɛ kã), o vínculo ontológico e íntimo entre mundos de seres aparece mediado por quem detém conhecimentos e possibilidade de circulação entre dimensões visíveis e não visíveis, humanas e alter-humanas. Nela encontramos indicações valiosas sobre socialização, construção de regras relacionais e ambientais.

Havia um homem que todas as pessoas do povoado respeitavam por sua força. Quando se diz que algo não é algo bom, não se deve recusar tais palavras. Não se deve acreditar naquilo que se vê (com os próprios olhos).

O homem possuía uma tamarineira que estava carregada de frutos que ele havia protegido, depositando nela certas coisas. Como eram *coisas feitas na mata*, nem animais, nem pássaros comiam seus frutos.

Três mulheres decidiram recolher aqueles frutos. Ninguém lhes disse nada. Elas foram.

Uma delas, logo após depositar seu cesto no chão, subiu rapidamente e chacoalhou a árvore. Chacoalhou para que não restassem frutos em um único galho. A tamarineira estava tão carregada e ela não queria deixar nada.

As outras mulheres eram muito velhas para subir.

Ela balançou, balançou até que só restava um cacho. Quando tocou o último cacho, uma *coisa* surgiu.

Ela olhou e viu que era um grande gato. Sobre a tamarineira lutaram e, *dup*! Caíram no chão! Foi uma gritaria.

A mulher não sabia mais o que fazia, ela gritava e batia palmas sem parar. Depois, correu para a mata, deixando cair sua saia. Não foi fácil fazer com que ela voltasse para casa. Ela chamava o nome do homem que fez a coisa, mas ele estava longe de seu *gelu*, ou havia viajado. Não estava no povoado. Mas de onde estava ele sentiu sinais enviados pelo seu *gelu*. Pegou suas coisas e voltou.

Antes mesmo que chegasse em sua casa, a multidão já o havia rodeado. Ele disse que era preciso esperar o dia certo para fazer os sacrifícios sobre seu *gelu*.

A mulher tinha um bebê que amamentava, e, enquanto não se cumprissem as exigências do *gelu* (para a reparação), não seria possível voltar a fazê-lo.

O homem disse ao irmão para proteger a mulher, pois não havia outro jeito, seria preciso esperar o dia certo.

Assim fizeram.

Com muito esforço, passaram a noite.

Os sacrifícios foram feitos e, também, a purificação do corpo da mulher.

Assim que se apoiou sobre o *gelu*, a loucura saiu.

Um ano depois, na época da colheita de tamarindo, ninguém se aproximou daquela tamarineira.

Se alguém disser para ficar atento com uma pessoa ou para ter cuidado porque essa pessoa não é boa e que ela faz tal coisa, é preciso aceitar. Neste mundo, certas pessoas aceitam o mal.

Mulheres e fulas tentam para ver com os próprios olhos. Mas, se fizerem isto, a loucura virá ou morrerão. Eles não aceitam.

Foi assim que aconteceu!

Narrador: Adama Sagu Sagara

Essa narrativa dirigida à audiência dogon é plena de sugestão e pressupõe públicos diversos, motivo que torna mais complexo seu entendimento. Nela, observamos a relação entre conhecimento, segredo e poder, que envolve proibição, transgressão, desordem e reparação. Além disso, indica perspectivas relacionais sobre gênero (mulher transgressora e homem guardião de seu poder), geracional (mulher jovem e velha) e intercomunitário (dogon e fula). A loucura é enunciada como algo enviado por seres guardiões da tamarineira, sob o comando de um homem iniciado com habilidades para transitar entre o mundo humano e o alter-humano e com poder de conduzir tanto à cura como ao adoecimento. A terapêutica obedece ao imperativo da reparação e do tratamento que age pelo objeto, *gelu/abaga*, mantido sem tradução por não termos encontrado outro termo que explicasse o conceito originário. Mas o que é esse *abaga*?

Os objetos com estatuto de *abaga*, como aqueles presentes no conto, assumem o lugar de aparatos ativos, depositários e acumuladores de potências específicas e alvo do trabalho que permite sua continuidade como condensação de práticas históricas. O *abaga* pode ser obtido por investimento pessoal ou recebido como herança, tanto de uma linhagem como de um segmento de linhagem. São frequentes os aparatos para proteção, mas eles podem ser utilizados também como agentes. Esse é o caso observado no conto anterior. Depende de quem o constrói, pois sua ação obedece à experiência individual conectada à perspectiva partilhada de mundo. Neles, condensam-se redes de relações dinâmicas que, na vida cotidiana, são mantidas dissociadas, pois os aparatos para proteção são objetos que emanam de seus laços ontológicos com os humanos (Augé, 1988), constituindo-se como modalidades do pensamento e como atos de comunicação.

Na interpretação do artista Allay Teme Atô, a narrativa visual — que transforma o registro oral, mas permanece com tessitura imagética e simbólica semelhante — foi condensada em três cenas em desenho sobre sulfite com uso de caneta hidrocor. Palavra e imagem permanecem articuladas em diversas expressões de suas práticas históricas e processos de elaboração dinâmica pelo artista dogon. Foram criadas na interatividade entre modos de linguagem-pensamento e na polissensorialidade da experiência de quem está imerso nas mesmas dinâmicas culturais e identitárias, internas e na interação com o olhar de outros (estrangeiros e turistas para quem vende parte de suas criações). A construção interpretativa do artista tanto nos facilita a conversação sobre a narrativa quanto contém aberturas para diversas implicações culturais, morais e estéticas.

Esse recurso a diferentes linguagens permite acompanhar a plasticidade e constante atualização de sentidos relacionais e ambientais cruciais do momento particular da história em que são atualizados.

Na imagem abaixo, observamos (sequência da direita para a esquerda e da parte superior para a inferior) três conjuntos sobrepostos de ações, como em uma colagem. Uma mulher e um homem. Sentada em um banco e um pouco abaixo, ela parece falar devido à postura ligeiramente curvada para frente e o braço direito levantado e a mão que aponta o indicador. Ela está diante do homem, guardião de um altar sacrificial que se situa logo atrás dele. O guardião tem os braços em movimento e as mãos na mesma posição que a da mulher. Esse gesto, assim como a perspectiva de perfil, é uma característica constante nas criações de Atô. Segundo a leitura do artista, o homem que depositou o *gelu* (ou *abaga*) para proteger a produção da tamarineira é um iniciado. A cena sugere que a mulher tinha conhecimento das prescrições e proibições; portanto, seu ato transgressivo teria sido intencional e desafiador.

No segundo conjunto da imagem estão três mulheres, todas carregando um balaio de cereais na cabeça. A mulher que decide subir na árvore é a única que traz nas mãos um bastão (ou vara), talvez indicando a intenção de colheita de frutos. Na terceira cena, ela é vista com o bastão no alto da árvore, derrubando os frutos. Há na árvore, igualmente, um animal, com aparência híbrida entre chacal e felino, cujo gesto parece assustar a mulher, que não o havia percebido.

Na segunda tela, acima, o movimento se faz de baixo para cima e da direita para a esquerda. Vemos árvore e bastão abandonados, o animal correndo atrás da mulher — que perdeu a saia. Ela corre e grita, assim como as outras duas que a precedem. Na parte superior, percebemos o altar e a mulher com um bebê sendo segurada pelas mãos por um homem cuja vestimenta sugere ser o terapeuta, o sacrificador (é possível observar o vermelho do sangue sobre o assentamento amarelo em forma de cone, no canto superior esquerdo). Ele é, ainda, o guardião da tamarineira e dos preceitos que regem a colheita de seus frutos. Mais à direita, um homem vestido parece aconselhá-la veementemente.

Na terceira tela, na página seguinte, iniciando pela esquerda, parte superior, o terapeuta guardião da tamarineira deposita com a mão esquerda — enquanto a mão direita gesticula (indicando fala) — um objeto pequeno e vermelho (*gelu*) sobre a cabeça da mulher, que está sentada com seu bebê e os braços soltos sobre as pernas. A tamarineira é retratada com três cestos, sem as mulheres e com

a saia da mulher ainda suspensa. Ao final, ela aparece curada e gesticulando, como se transmitisse sua experiência a uma audiência genérica sugerida.

Nessa narrativa visual, cabe ressaltar dramas relacionais e percepções de coabitação entre seres, além de sinais importantes de consequências possíveis de quebra de proibições ou tabus. São ações de risco vital as que levam à ruptura de preceitos de equilíbrio das relações ecológicas e com os seres não visíveis que representam um pacto de paz e de partilha do solo e da vegetação no espaço terrestre. Essa ruptura de equilíbrio inter-relacional pode ser seguida de sintomas psíquicos, como incoerência verbal, mutismo e inapetência acentuada, negativismo, estereotipias, agitação, insônia, alucinações visuais e auditivas (Coppo, 1988, p. 63). A tamarineira permanece recoberta de uma série de cuidados, tem importância na economia e na alimentação.

A loucura, como se observa na narrativa, também presente no entendimento do vivido, está muitas vezes associada à mata, ao território não cultivado, à relação com os seres alter-humanos. Ela se movimenta e pode adentrar espaços domesticados por mulheres e homens, carregando consigo a perturbação da pessoa e a desordem. Assim, o cuidado estético protetivo incorpora e gera poéticas cujas agências permitem evitar, negociar e transformar dramas de diversos matizes. Recobre-se de uma poética relacional, como entende Glissant (1990, p. 23), “segundo a qual toda identidade se estende em relação com o Outro”, inerente ao pensamento rizomático, portanto aberto e sem a imposição própria de relações dominante-dominado.

Estética e poéticas protetivas. Criar-se

Devido a sua intensidade e gravidade, a dialética saúde-loucura confere grande complexidade, além de evidenciar a multiplicidade de pessoas que atuam na mediação e nos processos de cuidado. Entre elas, destaco a figura relevante do caçador na sociedade dogon, ainda que carregada de percepções ambíguas. Sua atividade (matar seres vivos) é possível pelo domínio de conhecimentos que podem, ao mesmo tempo, proteger, poupar ou restituir vida. Há, na literatura oral dogon, grande número de narrativas em que caçador e caça coabitam e disputam a mata e, de certo modo, compartilham espaços de poder.

O lugar do caçador (*daana*) reveste-se de significado social e simbólico crucial na sociedade dogon (o mesmo ocorre para outras formações sociais, étnicas, como os bambaras, os malinqués ou os senufos). Os iniciados precisam cumprir um grande número de interdições alimentares, sexuais e de ações cotidianas (Cissé, 2004). O *daana* é percebido, ainda, como importante agente no contexto dos cuidados preventivos e no tratamento. Além disso, está presente na construção de registros criativos e narrativos que convergem para a compreensão da loucura como fenômeno cultural, social, sem esquecer a busca permanente por conhecimentos para lidar com os sofrimentos e as dificuldades que engendram. Não se trata, assim, de fixar seu significado, mas de acompanhar suas adaptações e transformações tanto internamente como nas dinâmicas transculturais — que constituem, aliás, uma marca dessa confraria no Mali e na África do Oeste (Arseniev, 2007; Cissé, 2004).

Também em minhas pesquisas, os caçadores tornaram-se pessoas incontornáveis, já que diversos terapeutas, narradores de contos e adivinhos com os quais convivemos eram também caçadores reconhecidos. Suas explicações detalhadas sobre plantio, coleta e usos de plantas marcaram nossa experiência na região.

A noção de proteção, por sua vez, carrega uma dimensão de escudo (físico, simbólico e espiritual), e guia ecossocial de convivência entre seres e para o evitamento de riscos que podem, inclusive, levar à loucura. Neste texto, gostaria de ressaltar, de um lado, as preocupações que se voltam para o vestuário dos caçadores e seu vínculo ontológico intenso com solo, vegetação e minerais; e, de outro lado, as transformações de registros e sentidos entre cotidianidade rural e novas

FOTO: ANDRÉ RICARDO. ACERVO DE LÍGIA MENEGHEL CHAGAS

Detalhe de indumentária de caçador: relevos do trabalho de proteção incrustados em tecido. Musée de la Musique d'hier et aujourd'hui, 2017. Burquina Faso.

linguagens que emergem de uma intelectualidade artística urbana (ligada aos diversos processos de mobilidade para estudo e trabalho) ou rururbana.

Esse traje de caçador dogon, com fiação e tecelagem manual, recebeu tingimento com raízes e folhas. Objetos, ervas e versos sagrados podem ser inseridos no interior dos relevos. A vestimenta do caçador é entendida como extensão da terra (elemento que confere peso e significação), dos vegetais ou dos animais e do óleo (que unta e integra o conjunto). As propriedades de sua composição revestem o corpo humano, podendo, assim, servir de elemento conectivo e protetivo espiritual e simbólico. Ela sinaliza e realiza nexos de continuidade entre humanos e entre todos os seres, dotados ou não de palavra (*kide kíde sɔɔ sɔɔy / kíde sɔɔ sɔɔlɛ*). É preciso aqui evocar a importância dos contextos de enunciação e de emergência de estilos, com sua diversidade e convergência de influências culturais partilhadas, pois, no domínio das confrarias de caçadores da África do Oeste, existem muitas aproximações culturais e intercâmbios (Cissé, 2004; Mensah, 2000; Arseniev, 2007; Sidibé, 1996).

O marrom-terra contém variadas tonalidades, também obtidas do tingimento feito com ervas secas. Tais colorações sintetizam mimetismo e contiguidade existencial. O tingimento, conhecimento de especialistas — de homens (marrom) e mulheres (azul-índigo) —, é obtido por técnicas que combinam o uso de folhas, troncos, sementes, raízes e terra. O tecido produzido em bandas claras da tonalidade do algodão, fiado por mulheres e tecido por homens, assume lugar de destaque nesse contexto existencial, social, espiritual e artístico.

Tais características são retomadas em criações de Abdou Ouologuem — cuja obra foi estudada por Lígia Meneghel Chagas (2020). Ele explica que uma dimensão protetiva constitutiva está, por meio de materiais e processos, incrustada em suas peças: "[...] a coisa que protege a árvore aqui, se você pega, e você consegue extrair o suco, e o coloca sobre você, da mesma maneira que a árvore gigantesca está protegida, você também está protegido" (p. 119).

Para o artista, as técnicas de relevo remetem à inclusão de objetos propícios à proteção, os quais são adicionados ou bordados em suas criações. Desse modo, a vestimenta, mesmo dentro de dinâmica expositiva, permanece alvo de cuidados sensíveis que a vinculam ao mundo de sentidos de onde emerge. Em seu trabalho como figurinista, Ouologuem procurou inscrever esses significados.

Segundo Chagas (2020, p. 52), em certas telas,[3] o artista "apresenta uma borda de algodão em relevo contornando a peça, geometrias criadas com *gaufrage* constroem uma moldura, dentro da qual Abdou insere novamente figuras geométricas em relevo, indicando que a obra é a própria geometria, tecido, algodão e pigmento". Para o artista, "o *gaufrage* consiste na união de dois tecidos por costuras paralelas forradas de fios de algodão formando linhas em relevo" (ibidem, p. 45). Sua origem é atribuída aos Tellem. *Gaufrage* é tessitura de cicatrizes e cicatrizações de escarificações da história.

De uma perspectiva crítica sobre narrativas da história e das relações entre materiais em práticas artísticas, é preciso pensar relações intrínsecas entre objetos e subjetividades. Na aproximação entre práticas artísticas e práticas

3. Telas em algodão em relevo, *gaufrage*, Criação de Abdou Ouloguem. Sem título. Disponível em: https://www.guadeloupe.franceantilles.fr/actualite/culture/portrait-d-artistes-avec-uka/aboulaye-ouologuem-je-veux-apporter-la-terre-de-l-afrique-a-mes-freres-antillais-419803.php.

curativas, cuidados e proteção são conceitos-passarela. O elo constitui-se pela percepção, no tratamento e na relação entre materiais, de seres alter-humanos e subjetividades conectadas em biosfera comum. A copresença entre seres-forças que interagem, interpenetram-se e se criam mutualmente é concebida como campo simultaneamente complementar, concorrente e antagônico. Ressaltamos a noção de proteção materializada em "roupas-escudo", usadas para proteção contra ataques materiais e espirituais. Nelas, além dos elementos naturais, outros espirituais se somam por meio da palavra oral (nas recitações e evocações-chave durante sua produção) ou da palavra escrita (pela inclusão de versos do Corão, destinados à proteção).[4]

A tessitura das reflexões emanadas da sociedade dogon interroga o próprio presente ambiental brasileiro, encontrando-se em sintonia com buscas como a que se faz na ecoperformance, no sentido trabalhado por Maura Baiocchi e Wolfgang Pannek (2020). Na dramaturgia das tensões sobre sistemas de vida "entrelaçados, enamorados" em intensa agressão,[5] há uma urgente radicalidade crítica das civilizações das fronteiras agrícolas da insustentabilidade, do consumo como ética relacional imposta como única possível.

> Ao unir minha herança involuntária (indígena, africana, europeia e asiática) com a herança voluntária de afinidades eletivas adquiridas ao longo de minha errância criativa, levo à cena um devir corpóreo que embaralha a noção do Eu no tempo e no espaço. Ecoperformance: eco, do grego "oikos", significa casa, o lugar onde se vive. A partir da compreensão do corpo como uma extensão do mundo (e vice-versa), morador e casa, corpo e planeta Terra se confundem. As constantes agressões à vida animal, vegetal e mineral provocam a decadência e a morte dos corpos e das culturas. DAN [Devir Ancestral] é uma contribuição artística diante da necessidade de ações ecoéticas que visam uma interação cuidadosa com todas as formas de existência. O meio ambiente é a gente. (Baoicchi, 2010)

4. Lembrando que a presença muçulmana nas regiões próximas data dos séculos XI e XII, com a construção de renomados centros de formação de elites — como em Djenné e Timbuctu (Farias, 2004) —, em um lento processo de fusões e entrelaçamentos comerciais, religiosos e simbólicos.

5. Vídeo disponível em: https://www.youtube.com/watch?v=ecs1QwcWtV8. Acesso em: 5 set. 2022.

O meio ambiente está no corpo-conexão, entrelaçamento de seres e materiais. É corpo expandido em uma ética relacional imersa em economia suficiente, gerido nas tensões entre forças de fruição e a sustentabilidade da vida. Tanto entre os dogons como em outras experiências (a exemplo das categorias socioespirituais de confrarias de caçadores no Mali), o corpo-conexão vive e se expressa em diversas formas de saberes e em experimentações, envolvendo cura, cuidado e práticas criativas contemporâneas que estão sempre em transformação.

Nesse contexto, também os dogons ampliaram suas linguagens expressivas e expoentes singulares nas artes que aparecem fora de seus territórios ou em situações de intersecção, como no cenário do turismo em tempos de paz. O trânsito entre campos hermenêuticos gerou passagens e cruzamentos importantes. Gostaria de assinalar como gerações dogons, vivendo ou não em territórios de seus pais e avós, vão tecendo seu contemporâneo e transitando entre conhecimentos para construir sua percepção e crítica do presente.

(Re)composições ecoperformativas: gestos e cenários. Curar-se

Na composição de cenas curativas, continuamente performativas, há uma linguagem poderosa dos corpos, enlaçados por ambiente e materiais cujas formas e ações geram campos de linguagens, de trocas e de negociação com potencial de transformar sentidos e significados.

Na afetação sensível, forma e palavra integram um vasto conjunto de conhecimentos sobre coexistência de humanos e outros viventes, expressão do cuidado espiritual, corporal e ambiental. Em uma sequência de imagens de um processo terapêutico ocorrida na região dogon, gestos e técnicas de cuidado a expressões de *keege* (*wede-wede, donnoSɔɔ*) e outros adoecimentos são constantes na performance da atenção de terapeutas.

O processo de fumigação observado nessa sequência de fotografias integra técnica para facilitar a ação vegetal, dinamizada pela palavra e pela presença terapêutica. Os corpos, sua proximidade e coreografia são desenhos no espaço e ritmos que adicionam capacidade comunicativa e adesão simbólica.

A palavra que sacraliza, o gesto que purifica e a água que percorre o corpo atuam sobre a pessoa em seu sentido complexo. No terapeuta, encontra-se a

ACERVO DA AUTORA

Processo de cuidado e tratamento. Terapeutas Amadou e Lamine Nantumé.

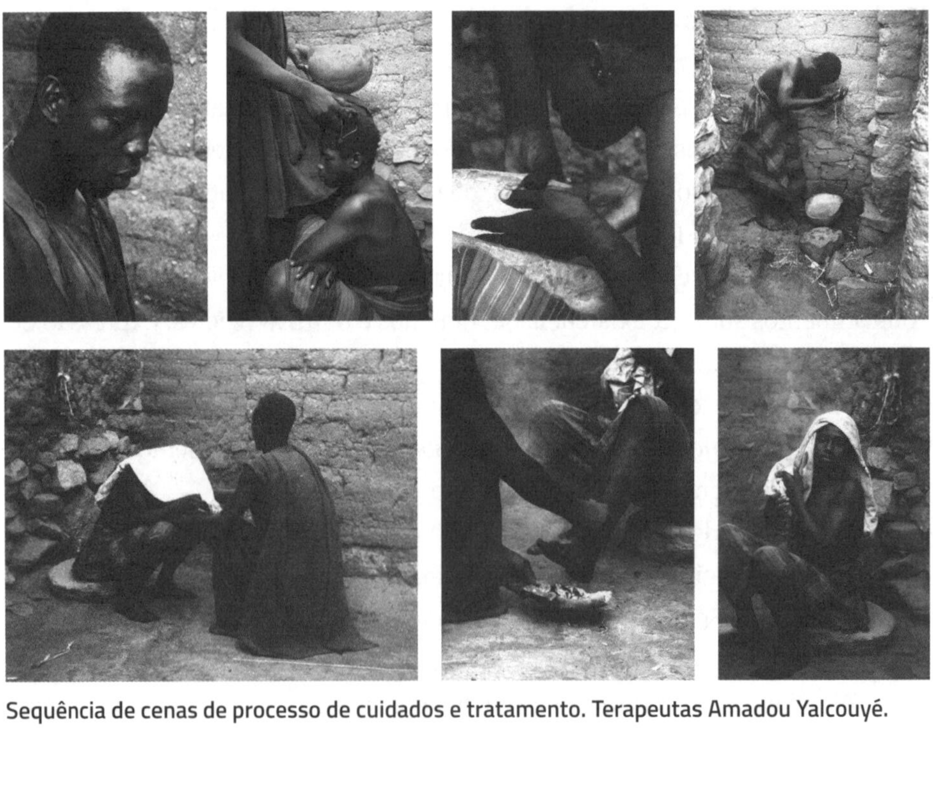
ACERVO DA AUTORA

Sequência de cenas de processo de cuidados e tratamento. Terapeutas Amadou Yalcouyé.

autoridade construída em uma comunidade de destino com sentidos comuns. Na trajetória de cada pessoa há, no processo de cuidados, o necessário reencontro do ser-com e de possibilidades de equilíbrio que é preciso (re)fundar ou (re)afirmar.

Sinais e movimentos, como os das fotografias anteriores, aliados à leitura atenta das narrativas dos contos, geraram um campo inteligível que foi apreendido pela sensibilidade da Cia Sansacroma, da zona sul de São Paulo, o que instigou releituras e criação em suas densas pesquisas voltadas para a compreensão das "poéticas e políticas do corpo negro".[6]

Plurifonias na travessia de gestos, oralidades e sentidos: dançando a cura

A palavra dogon não apenas é múltipla como se inscreve nas travessias do contemporâneo, movente e construída em complexas redes expressivas e de comunicação — diretas ou mediadas — de saberes e gestos-pensamento. No Brasil, uma dessas reflexões fecundou dinâmicas protetivas, de cuidado e cura, encontrando escuta, particularmente, no movimento da luta por garantia de direitos na saúde mental. A esse movimento se agregaria o trabalho do grupo de artistas da Cia Sansacroma, que reuniu elementos do pensamento dogon para recompor laços regenerativos e reinstaurativos de corpos negros descartados. Estes se insurgem constantemente contra os mecanismos alienantes, de exclusão e desqualificadores estruturados pelo racismo, vigentes na desumanização insidiosa devido à violência sobre espiritualidades e corpos negros. De início, "Sociedade dos improdutivos" foi criada a partir de pesquisas sobre a opressão da população negra em instituições da violência (loucura), segundo termo de Franco Basaglia (1968).

No percurso de seus estudos preparatórios, o grupo de artistas manteve rica interlocução com o esquizoanalista Rodrigo Reis Rodrigues (2020) e com Luciene Ramos Silva, artista da dança do Acervo África. Foi ainda fortemente impac-

6. Cia Sansacroma, teaser de "Sociedade dos improdutivos", 2015. Disponível em: https://youtu.be/nkprz8HH0AA. Acesso em: 10 set. 2021.

tado pelas proposições de cura dogon e pela ecologia existencial de reparação, presentes até mesmo em situações de extremo sofrimento. Assim, o grupo de criadoras e criadores da Cia Sansacroma reescreveu a dramaturgia de "Sociedade dos improdutivos" para tecer outras tramas como possibilidade de insurreição.

Em uma cena emblemática, que pontua uma transformação de perspectiva, um conto dogon, musicado e poeticamente interpretado por Ciça Coutinho, torna-se canto, canção-lamento, ecocuidado no embalo para restaurar força e criar caminhos antes não entrevistos. Assim, a literatura oral de Domo Jigiba (Barros, 2004, p. 86), da vila de Dogon Teguru, deslocou-se para ser dançada dramaticamente por corpos negros, em que explode para alcançar a liberdade de ser.

A palavra, o tempo, a matéria são preservados como real paradoxal pelas artes das visualidades, do movimento, dos sons? Como as referências circulantes (entre sociedades, etnias, raças, classes ou interesses intelectuais em disputa) pousam para recriar outros e antigos anseios muito além da suposta e sufocante evocação de autenticidade?

Nesse sentido, a "dança da indignação, memórias e metodologias de uma dança negra" da Cia Sansacroma permitiu, em "Sociedade dos improdutivos", uma travessia atlântica em que o pensamento e a criação dogon e africanos alimentam a modernidade e o mergulho nas urgências do contemporâneo no Brasil. Em ambas as elaborações — Dogon e Cia Sansacroma —, a arte tem íntima conexão com a produção de vida, ressoando no fluxo da interdependência de seres (pessoas como composições singulares) vinculados entre si por linguagens que exigem sentido, forma e força. Para a Cia Sansacroma,

ACERVO DA CIA SANSACROMA, 2016

Ciça Coutinho em processo criativo no diálogo com as reflexões dogon.

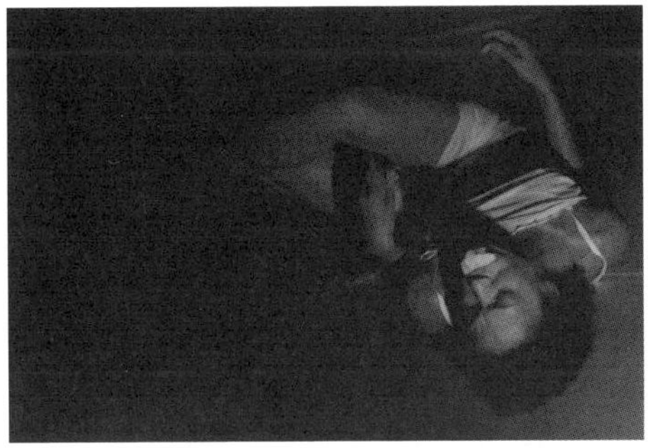

ACERVO DA CIA SANSACROMA, 2015

Sequência de cenas de "Sociedade dos improdutivos".

trata-se da busca do corpo-contexto, resistente e revolucionário, engajado na eliminação de barreiras, fronteiras e impedimentos dos corpos negros. A criação artística encontra ressonâncias em modulações da cura, do cuidado e de linguagens dogons, chamado ao sentido partilhado e narrativo, além de ato contra o capital e o controle ocidental.

Assim, a Cia Sansacroma contrapõe a corporeidade do imaginário africano ao corpo socialmente invalidado, racializado, desconstruído pela violência, a medicalização, o peso histórico do cerceamento e até a ausência de escuta de autonarrativa. O ecocuidado vibra e reinscreve "vozes potentes, negras, de territórios e seus povoamentos".

"Sociedade dos improdutivos" parte da definição institucionalizada da história da loucura, abordando o racismo que se conjuga a modalidades de desqualificação histórica e cultural, à invalidação de formas expressivas e de subjetividades na composição da exploração capitalista dos corpos produtivos e improdutivos.

O teatro-performance, nas palavras de Gal Martins, construiu-se ao longo de dois anos de pesquisas e contou com ateliês coreográficos realizados no Centro de Atenção Psicossocial (Caps) Jardim Lídia, região do Capão Redondo, em São Paulo, onde a maioria dos pacientes era negra. A dimensão da percepção africana sobre a loucura adveio da leitura e discussão do livro *Itinerários da loucura em territórios dogon* (2004), de minha autoria. Com isso, novas experiências mais abertas puderam fazer vibrar o corpo de bailarinos e bailarinas como poética de possibilidades de vida. Nesse caminho, os fundamentos africanos, sobretudo os de contos, narrativas dramáticas e conhecimento dogons, favoreceram movimentos existencial e politicamente emancipatórios da luta cotidiana — estética, política, étnico-racial, ecológica e cultural — desenvolvida em São Paulo. A história se inscreve e se escreve em infindáveis suportes.

Mestres do invisível no trânsito: tensionamento nas artes de fluxos mundializados

A recente ramificação de trajetórias migratórias, sobretudo sazonais, tem ampliado a territorialidade dogon (Barros, 2010), mesmo que pontilhada por conflitos e incertezas após a retirada das instituições governamentais da região central (Mopti) devido à guerra. Nesse movimento, percebe-se uma ampliação de horizontes, com incorporação de territórios na capital do país. Dessa forma, há uma cenarização de expressões culturais dogons, como é o caso do Festival Ogobanga e da ampliação de espaços expositivos apresentados como arte contemporânea. Ressalto que a importância de festivais culturais no Mali tem sido crescente desde o início dos anos 2000 (Adnane, 2014; 2019), compondo inclusive cenários transculturais, como entre os dogons, os tamacheques e os bwas.

Iniciativa da Associação Ginna Dogon, o Festival Ogobanga teve sua primeira edição em 2016. Hoje, constitui um ato político-cultural e um projeto de ambição econômica, anualmente realizado na emblemática Place du Cinquantenaire de Bamako. O festival tem sido apontado por alguns como uma expressão da resiliência da sociedade diante de um conjunto de adversidades e da situação paradoxal gerada pela guerra que atingiu o centro do país. De acordo com o jornalista dogon Boubacar Yalkoué (2016), a comissão organizadora foi chefiada por Amassagou Dougnon, que declarou como objetivo “contribuir para a apreciação, em longo prazo, das expressões tradicionais dogons em todas as suas vertentes (máscaras, galerias, medicina tradicional, nomes próprios etc.), tendo como base a promoção e proteção dessa cultura".

Para Bagayogo e Wanono (2017), o festival constitui "resposta estratégica para preservar o patrimônio dogon, transmitir práticas culturais ancestrais e garantir a sobrevivência cultural, econômica e social, sobretudo mantendo localmente os artesãos e artistas que viviam do turismo antes da crise de 2012".

Contudo, o Festival Ogobanga, a exemplo de outras iniciativas similares, pode ser entendido como recriação do encantamento dogon de que falam certos autores de expressão francesa que realizaram críticas contundentes a estudos e produções que, em sua visão, pertencem, dão continuidade a ou se inspiram na chamada escola Griaule (Doquet, 1999; Ciarcia, 2003; Joly, 2015). Partindo da tradição transformada pelo olhar e pelo imaginário estrangeiros, tal escola produziu conteúdos romantizados e destituídos de saber aprofundado e acadêmico, reapropriados, tanto por dogons como por outros malineses e estrangeiros, em publicações etnológicas e de literatura de viagem — ou, mais recentemente, em redes sociais. Suas ponderações apontam caminhos de construção de diferentes símbolos identitários para "promover antes de tudo uma imagem vantajosa de sua cultura e identidade" (Joly, 2015, p. 126), realizada pela elite intelectual dogon emergente.

No entanto, a complexidade de cenários não deixa espaço para que conclusões rígidas e unilaterais se fixem e impeçam o movimento, a transformação e a força das narrativas que podem se complementar ou se confrontar.

Na exposição de arte contemporânea *Donsow: les maîtres de l'invisible* (2020), as passarelas entre o circuito internacional de arte e o conhecimento ancestral voltaram a protagonizar os debates no Museu Nacional do Mali (fundado em 1960), que procurou oferecer uma visão malinesa do universo ético-estético dos caçadores, *adonsoya* (caminho donsow).

Ainda uma vez, são as relações alter-humanas juntas, aliadas à ecologia de proteção, que se oferecem à apreciação de públicos fruidores muito distintos na capital do Mali. Movimento que sugere travessias que não podem ser reduzidas a universos etiquetados como locais, replicadores e extemporâneos, julgados e continuamente expulsos da percepção das marcas do contemporâneo. Porém, já não se pode expulsar do futuro as formas viventes nem seus modos compreensivos irredutíveis à simplificação.

Pensamento sonhado na ecologia pedagógica da proteção e da (lou)cura

Para finalizar, evoco aqui outra narrativa, em que a maestria do invisível se torna agenciadora da consciência dos limites do pensamento, do verbo e da interpenetração de seres. Também sinaliza o esgotamento da cisão entre história da cultura, das artes e da saúde, da distinção do que é absolutamente visível e absolutamente invisível e da antítese entre forma, matéria e problema como interrogação espiritual.

> Um homem que era filho único morava com os tios maternos distante do pai. Após o casamento de suas irmãs, seu pai pediu que viesse morar na casa paterna. Ele recusou. Porém, os tios [maternos] não queriam que ele continuasse lá. Nesses casos, pensavam, os sobrinhos dominam e comandam a família materna.
>
> Foi assim que ele partiu.
>
> Onde vivia seu pai, todos possuíam seu abaga, mas ele não sabia o que era abaga. Ao entardecer, os homens do povoado saíam para beber com os amigos depois de dar a parte de seu abaga. Os jovens também iam beber com seus amigos, estes insultaram os filhos do recém-chegado porque seu pai não possuía um abaga. O filho mais novo revoltou-se, não queria mais sair com seus camaradas e aconselhou seu pai, dizendo: "Abaga não é coisa complicada!"
>
> O filho mais novo explicou ao pai que, para obter seu abaga, deveria procurar na mata algo que amasse, trazê-lo para casa e, uma vez que se ocupasse dele, fazendo oferendas e sacrifícios regularmente, poderia obter tudo que desejasse. Assim, o pai se dirigiu para a mata, passou o dia todo a procurar algo, mas não se decidia, não encontrava nada que lhe parecesse bom, até que viu os frutos da árvore de baobá que ficava em seu próprio campo de cultivo. Pegou um fruto, raspou-o e deixou-o bem negro, fazendo dele um chocalho, tam-tam. Envolveu com fibras as duas pontas e, depois, depositou no pátio anterior de sua casa, dentro de um cercado que construiu especialmente para ele. Foi assim que plantou seu abaga (abagawɔpegɛ), esperou então sete dias e disse à sua família que cada um deles deveria oferecer um frango. Assim fizeram.
>
> Quando deixara a terra materna acompanhado por duas filhas, além dos filhos, dois rapazes queriam se casar com a mesma menina e ela preferiu o

mais pobre. O jovem que era rico decidiu vingar-se. Seu pai possuía um abaga poderoso capaz de provocar loucura em seus inimigos. Dessa maneira, a jovem adoeceu.

Todos os adivinhos consultados diziam que apenas o pai da moça era quem poderia curá-la. Seu abaga tinha se tornado o mais forte dos arredores, pois, como sua casa ficava próxima à togu-na, a casa da palavra, todos os velhos vinham confiar-se a ele. Procurou, então, seu abaga e pediu que curasse sua filha e enviasse a doença de volta ao culpado pelo mal que causara à menina. Pegou sangue seco e com ele fez fumigação na doente e lhe deu para beber.

Quando ela sarou, o jovem que era rico ficou louco.

O pai do rapaz, ao consultar o adivinho, ficou sabendo que a doença era o mal enviado pelo filho, que, no entanto, retornou para ele. Para sua purificação, era preciso um galo, uma franga e três animais de quatro patas. No dia do ritual, o jovem deveria pedir perdão ao pai da menina que, então, permitiu sua cura.

Foi assim que, entre os dogons, o remédio de abaga passou a curar a loucura.

Narrador: Amaniŋu Kene

O destaque nesse conto de Amaniŋu Kene, cheio de nuances culturais, incide sobre a composição do sentido de *abaga*, construído do afeto da relação pai-filho, da ligação especial com algo da natureza a ser abrigado no mundo doméstico (“deveria procurar na mata algo que amasse e trazê-lo para casa”). A ação da pessoa que se ocupa desse objeto, eleito por meio de investimentos significativos constantes, é capaz de gerar uma transmutação para um objeto-agência, que acumula força e poder.

O *abaga* remete-nos ao campo do cuidado na relação entre viventes, entre seres humanos, coisas e alter-humanos. Serve de guia para a reflexão sobre a noção de proteção em um contexto em que a vida se assemelha a uma luta interminável. *Abaga* move-se como saber que comporta tecnologia de cura, no sentido de seu intrínseco postulado aberto à negociação, à reparação e à dialetização do sofrimento e da desordem.

Essa ética gerada na relação entre viventes e não viventes permite tecer coabitação e coexistência. E, se necessário, também poder, viabilizando a reparação de conflitos, feridas e sofrimentos. Mais do que isso, age, antecipando — pela proteção que espalha e garante — caminhos de cuidado em equilíbrio dinâmico, instável, mas pensável e possível.

O complexo equilíbrio permanece constantemente necessário para que se possa dar significado à saúde, conduz-nos à reflexão dos modos de construir o mundo com nossa copresença, coabitar o mundo com outros viventes e não viventes (Boni, 2016), além de outras forças e ordens.

Esse pensamento aproxima-se do sentido de vida em Franz Fanon se seguirmos a leitura de Achille Mbembe (2013, p. 243) quando afirma que ela é produto da luta e visa "curar aqueles que foram feridos, estuprados, torturados, feitos prisioneiros ou, simplesmente, enlouquecidos. Sua função, portanto, participa do processo geral da cura".

As interrogações disparadoras iniciais que nos mantiveram na tensão do percurso textual para a ressignificação existencial e poética desdobram-se na complexidade rizomática do relacional, permitindo a afetação presente do pensamento tanto pela plasticidade quanto por suas movências. Assumir-se, então, visível ou não visivelmente, intensifica a recusa do totalitário. No contemporâneo, são perceptíveis as conexões de modos de existir-com e errâncias generativas dogons que fecundam, mesmo à distância, sensibilidades atentas.

Tanto das concepções de caçadores acerca das relações inter-seres como das narrativas emerge a afirmação de nossa interdependência de existências em-comum. A travessia de conhecimento com referência em sua ética do vivente permite desdobrar campos do "pensar África como horizonte", como discute Tonella Boni (2016). Esse bordado do mundo se faz nas ecoexperiências dos contos dogons nos cenários criados por narradores, nas (re)criações de Abdou Ouologuem, no trânsito do invisível dos saberes de caçadores como "mestres do invisível", nas performances de festivais como Ogobanga e na dramaturgia coreografada pela Cia Sansacroma.[7] São conhecimentos da travessia que exigem escuta, cuidado e entendimento para que ressoem, se transformem e migrem. Afinal, quem constrói nossos horizontes? A experiência traça caminhos ecoestéticos de nosso cuidar da/na Terra ao sinalizar no horizonte para onde caminha a cura na artesania de mundo-em-comum.

7. Na dança contemporânea, temos assistido a produções que revelam contribuições sobre racismo e outras modalidades de discriminação, como a de gênero e invalidação, relação entre corpo e espaço de alienação. Exemplos que se somam à Cia Sansacroma são encontrados no livro *Dança e diáspora negra*: poéticas políticas, modos de saber e epistemes outras (2020), da Associação Nacional de Pesquisadores de Dança.

Referências bibliográficas

ADNANE, Mahfouz Ag. *Movências tamacheque além-fronteiras*: conexões, performances em narrativas insurgentes em festivais culturais saarianos (2001-2017), 2019. 370 f. Tese (Doutorado em História) – Programa de Estudos Pós-Graduados em História, Pontifícia Universidade Católica de São Paulo, 2019.

______. *Ichúmar*: da errância à música como resistência cultural Kel Tamacheque (1980-2010): raízes históricas e produção contemporânea, 2014. 180 f. Dissertação (Mestrado em História) – Pontifícia Universidade Católica de São Paulo, 2014.

ARSENIEV, Vladimir. “Les chasseurs Donso du Mali à l’épreuve du temps”. *Afrique Contemporaine*, v. 223-4, n. 3-4, 2007, p. 341-61. Disponível em: https://www.cairn.info/revue-afrique-contemporaine-2007-3-page-341.htm. Acesso em: 9 jan. 2021.

AUGÉ, Marc. *Le Dieu-objet*. Paris: Flammarion, 1988.

BAGAYOGO, Sidy Lamine; WANONO, Nadine. “Le festival Ogobagna”. *Journal des Anthropologues*, v.150-1, 2017, p. 241-53. Disponível em: https://journals.openedition.org/jda/6827#tocto1n4. Acesso em: 5 set. 2022.

BAOICCHI, Maura. *DAN — Devir ancestral*. Filme tríptico do espetáculo “DAN — Devir ancestral”, 2010. Disponível em: https://www.youtube.com/watch?v=ecs1QwcWtV8&ab_channel=MauraBaiocchi. Acesso em: 14 set. 2022.

BAIOCCHI, Maura; PANNEK, Wolfgang. *Choreographic theater of tensions*: forces & forms. São Paulo: Transcultura, 2020.

BARROS, Denise Dias; MARIANO, Esmeralda Celeste. “Experiências que tangenciam o (in)visível e a mobilidade”: etnografias em diálogo. *Rev. Estud. Fem.*, Florianópolis, v. 27, n. 3, e66982, 2019. Disponível em: http://www.scielo.br/scielo.php?script=sci_arttext&pid=S0104-026X2019000300606&lng=en&nrm=iso. Acesso em: 18 fev. 2021.

______. “Liens ville-village et changements sociaux face à la migration saisonnière. Le mouvement de personnes entre Songho (Région Dogon) et Bamako, Mali”. *Anthropos*, v. 105, 2010, p. 471-88.

______. *Itinerários da loucura em territórios dogon* [online]. Rio de Janeiro: Fiocruz; São Paulo: Casa das Áfricas, 2004. Disponível em: https://static.scielo.org/scielobooks/97dxr/pdf/barros-9788575413326.pdf. Acesso em: 14 set. 2022.

______. *Jardins de Abel*: desconstrução do manicômio de Trieste. São Paulo: Edusp/ Lemos, 1994. Disponível em: https://www.researchgate.net/publication/295010793_Jardins_de_Abel_-_Desconstrucao_do_Manicomio_de_Triestre.

BASAGLIA, Franco. *L'istituzione negata*. Torino: Einaudi, 1968.

BONI, Tonella. *Penser l'horizon* [vídeo online]. Academia do Reino do Marrocos, canal no YouTube, 15 fev. 2016. Disponível em: https://youtu.be/MFyA-AlXzbDg. Acesso em: 5 set. 2022.

BOUJU, Jacky. "Tradition et identité". *Enquête*, v. 2, 1995, p. 95-117. Disponível em: http://journals.openedition.org/enquete/313. Acesso em: 5 jan. 2021.

CALAME-GRIAULE, Geneviève. *Ethnologie et langage*: la parole chez les dogon. Paris: Gallimard, 1965.

CHAGAS, Lígia Meneghel. *Entrelaçando expressividade no têxtil e história contemporânea do Mali desde criações e percursos de Abdou Ouologuem, Aminata e Aissatan Tolo e Ladji Barry*. Orientadora: Denise Dias Barros. Dissertação (Doutorado em Estética e História da Arte) – Programa de Pós-Graduação Interunidades em Estética e História da Arte (PgEHA), Universidade de São Paulo, 2020.

CIARCIA, Gaetano. *De la mémoire ethnographique*: l'exotisme du pays Dogon. Paris: Gallimard, 2003.

CISSÉ, Youssouf Tata. *La confrérie des chasseurs malinké et bambara, mythes, rites et récits initiatiques*. Dacar/Paris: Nouvelles du Sud, 2004.

COPPO, Piero (org.) *Essai de psychopathologie Dogon*. Perugia/Bandiagara: CRMT/PSMTM, 1993.

DIAGNE, *Mamoussé. Critique de la raison orale*: les pratiques discursives en Afrique noire. Paris: Karthala, 2005.

DOQUET, Anne. *Les masques Dogons*: ethnologie savante e ethnologie autochtone. Paris: Karthala, 1999.

FARIAS, Paulo Fernando de Moraes. *Arabic medieval inscriptions from the Republic of Mali*: epigraphy, chronicles, and Songhay-Tuāreg History. Londres: British Academy, 2004.

GLISSANT, Édouard. *Poétique de la relation.* Paris: Gallimard, 1990.

LEITE, Fábio Rubens da Rocha. *A questão ancestral*: notas sobre ancestralidade e instituições ancestrais em sociedades africanas: Ioruba, Agni e Senufo, 1982. Tese (Doutorado) – Faculdade de Filosofia, Letras e Ciências Humanas, Universidade de São Paulo, São Paulo, 1982. (Publicado sob título *A questão ancestral*. São Paulo: Palas Athena; Casa das Áfricas, 2008).

JOLY, Eric. "La tradiction orale en images: genèse de deux emblèmes culturels dogon". In: CIARCIA, Gaetano; JOLY, Eric. *Métamorphoses de l'oralité entre écrit et image*. Paris: Karthala, 2015, p. 111-28.

JOURNET-DIALLO, Odile. "Le monde diffracté": théories joola du double animal. *Systèmes de Pensée en Afrique Noire*, Paris, v. 15, 1998.

KEÏTA, Naffet. "La gouvernance de la sécurité au Mali": entre libéralisation et/ou privatisation des offres de sécurité et quête de sécurité humaine en question. *Afrique et Développement*, v. XLII, n. 3, 2017, p. 249-68.

MABANCKOU, Alain. *Mémoires de porc-épic*. Paris: Seuil, 2006.

MAUSS, Marcel. "Relações jocosas de parentesco". In: OLIVEIRA, Roberto Cardoso de, *Marcel Mauss*: antropologia. São Paulo: Ática, 1979.

MENSAH, Alexandre. "La confrérie des chasseurs de l'Ouest-African, une histoire plus que millénaire": entretien avec Youssouf Tata Cissé. *Africultures*, art. 1.620, 30 nov. 2000. Disponível em: https://africultures.com/la-confrerie-des-chasseurs-de-louest-africain-une-histoire-plus-que-millenaire-1620/. Acesso em: 10 jan. 2021.

MBEMBE, Achille. *Critique de la raison nègre*. Paris: La Découverte, 2013.

NYAMNJOH, Francis B. "Delusions of development and the enrichment of witchcraft discourses in Cameroon". In: MOORE, Henrietta L.; SANDERS, Todd (orgs.). *Magical interpretations, material realities: modernity, witchcraft, and the occult in postcolonial Africa*. Londres/Nova York: Routledge, 2001, p. 97-117.

RADCLIFFE-BROWN, Alfred. "Os parentescos por brincadeira". In: *Estrutura e função na sociedade primitiva*. Petrópolis: Vozes, 1973.

RODRIGUES, Rodrigo Reis. *Glossolalia intensiva*: como criar uma voz para o corpo sem órgãos (ou ecologia de práticas para uma esquizovocalidade). Dissertação (Mestrado) – Departamento de Artes, Universidade Estadual Paulista "Júlio de Mesquita Filho", 2020. Disponível em: https://repositorio.unesp.br/handle/11449/194140. Acesso em: 19 fev. 2021.

SIDIBÉ, Fodé Moussa. *La confrérie des chasseurs Bamanan*: littérature et sociétè à travers des chants et récits de chasse. Orientação de Robert Jouanny. Tese (Doutorado) – Université Paris 4, Paris, 1996.

THIAM, Adam. *Centre du Mali*: enjeux et dangers d'une crise négligée. Centre pour le Dialogue Humanitaire/Institut du Macina, 2017.

TOUNKARA, Aly [online]. "L'émergence de groupes d'autodéfense au centre du Mali: violence et déficit de l'Etat'. *Blog Contre-discours Radical*. Disponível em: https://cdradical.hypotheses.org/1114. Acesso em: 14 fev. 2021.

VAN BEEK, Wouter E. A. "Processes and limitations of Dogon agricultural knowledge". In: HOBART, M. (org.). *An anthropological critique of development*. Londres: Routledge, 1993, p. 43-60.

YALKOUÉ, Boubacar. "Festival Culturel Dogon Ogobagna: coup d'essai, coup de maître", *Le Pays*, 1º fev. 2016. Disponível em: https://mali-web.org/societe/culture/festival-culturel-dogon-ogobagna-coup-dessai-coup-de-maitre. Acesso em: 13 jan. 2021.

ZUMTHOR, Paul. *Performance, recepção, leitura*. São Paulo: Cosac Naify, 2007.

8. Os corpos coletivos contracoloniais e a resistência ancestral

Kowawá Kapukaja Apurinã e Bruna Jeguakai Nhandeva Charrúa

No dia em que o Quilombo, a Aldeia e a Favela confluírem, o Asfalto vai derreter!

Nego Bispo[1]

No mundo institucionalizado, a palavra escrita tem poder. Os papéis demarcam o extermínio do direito à vida de povos. Neste artigo, pretendemos, a partir do exercício da palavra escrita e de outras referências, discutir as relações contracoloniais existentes e resistentes nas epistemes subterrâneas dos povos indígenas de Pindorama. Uma tradução de palavras sonhadas, não escritas, que requer uma leitura atenta e um silêncio de escuta para aquelas e aqueles que enxergam o mundo ou desejam fazê-lo.

O papel é frágil. Sua pele pode facilmente ser destruída pela força da água ou do fogo, bem como pela força do tempo. E, mesmo assim, são os corpos de papel que erguem impérios e legislações, moedas e demarcações; suas complexas aplicabilidades impõem-se na derrubada das matas e das vidas. Eles comportam alguns tipos de episteme que visam historicizar e cientificizar conhecimentos específicos, bem como seus autores, e também a legislação que funda e ao mesmo tempo regula as nações, as condutas, os produtos internos e externos, as demandas e, por fim, os territórios. Como algo tão frágil pode conter uma série de regulamentações, leis e determinações condenatórias que versam sobre os vários aspectos de uma "nação brasileira" que é invenção re-

1. Referência à *live* "Ciclo Outras Economias — Cosmologias do dinheiro". Antônio Bispo dos Santos e Ailton Krenak, 18 maio 2021. Fala de Antônio Bispo dos Santos, no minuto 48'35". Disponível em: https://youtu.be/ueQAV_4fWbY. Acesso em: 12 dez. 2021.

Tramitação sobre o marco temporal em Brasília (DF), acampamento indígena Luta pela Vida. Jeguakai Nhandeva Charrúa, Artivismo Indígena, 2021.

cente — lugar que, na verdade, sempre foi nosso território milenar, ancestral e sagrado? Os papéis nos escravizam há cinco séculos. Palavras escritas que decretam direta ou indiretamente morte, sofrimento, despejo, assimilação forçada da cultura não indígena, fome e miséria.

O chamado marco temporal é uma tese jurídica que defende a alteração da política de demarcação de terras no Brasil. Segundo esse pensamento, só poderiam reivindicar a posse sobre suas terras os povos indígenas que já a estivessem ocupando quando da promulgação da Constituição Federal, de 5 de outubro de 1988. O objetivo do marco temporal é claro: barrar o avanço nas demarcações de terras indígenas e fragilizar judicial e politicamente essa população. A questão chegou ao Supremo Tribunal Federal em 2009, mas se tornou notória em setembro de 2021, quando o julgamento foi suspenso. Não há data para que seja retomado.

Por meio dessa fotografia, compreendemos de onde parte o ponto de vista que inicia este texto e o universo que tentaremos abordar ao longo dele, começando com a metáfora sobre os papéis e toda a sua função na atual "nação brasileira". Essa imagem foi feita na última grande concentração indígena contra o marco temporal, que aconteceu em Brasília em setembro de 2021. A mobilização, que contou com a presença de cerca de oito mil indígenas vindos de todos os diferentes biomas pindorâmicos, não foi um passeio turístico que resolvemos dar na cidade mais sufocante já inventada.

Trata-se de uma questão de papéis que estão sendo discutidos por pessoas não indígenas, papéis estes que podem definir o futuro das demarcações de nossos territórios tradicionais sagrados — que já são injustamente bem escassas e talvez sejam totalmente interrompidas. Estamos falando de uma regressão no que se refere a direitos constitucionais.

Vendo nosso território tradicional e tudo que ele comporta, inclusive e principalmente nossa vida, sendo discutido diariamente pelos colonizadores no Senado Federal, não tivemos opção a não ser nos fazer presentes. Mesmo gastando recursos que não tínhamos, mesmo que Brasília seja literalmente sufocante, mesmo que tivéssemos nossa lida contínua em nossas bases, fomos lá para defender nossos direitos com nosso corpo e nossas culturas originárias.

Nos dias de votação, nós, os indígenas auto-organizados, realizamos caminhadas rituais coletivas e interétnicas até as cercas que haviam sido colocadas em frente ao Supremo Tribunal Federal para conter nossa aproximação — respeitando as regras impostas pelos não indígenas. Queríamos acompanhar de perto a tramitação do processo. Tínhamos à nossa frente o panorama do Batalhão de Choque ao longo de todo o percurso até a frente do STF, como se comprova na Imagem 2, e um enorme contingente de policiais federais e militares. Como se não bastasse, havia ainda "funcionários" da Articulação Brasileira dos Povos Indígenas do Brasil (Apib) fazendo acordos com os agentes da "segurança pública" em nosso nome e sem nos consultar.

Nessa ocasião, as duas instâncias citadas alicerçaram um acordo em que nós, indígenas, supostamente deveríamos realizar as caminhadas e os rituais sem nossas ferramentas de proteção, como o arco e a flecha. Tudo isso à nossa revelia. A primeira imagem mostra o momento exato em que o parente indígena Pataxó Hã hã hãe tenta explicar ao mediador da Apib que é ilógico e abusivo os não indígenas terem direito à "segurança" armada (o que chamam de *segurança pública*) e nós, indígenas, sermos impedidos de nos defender caso ocorresse algum tipo de conflito. Vale ressaltar que as crianças indígenas também participavam da luta. Para nós, as autoras, o olhar do mediador da Apib explica o tamanho do problema que enfrentamos.

Na ocasião desse acampamento, mostramos nossa luta justa por meio de nossos corpos performadores de nossas cosmovisões específicas e diferenciadas. Vamos agir assim sempre, em todos os locais possíveis (tanto nos territórios demarcados quanto em outros lugares e instituições), para defender a pos-

Tramitação sobre o marco temporal em Brasília (DF), acampamento indígena Luta pela Vida. Jeguakai Nhandeva Charrúa, Artivismo Indígena, 2021.

sibilidade de um mundo que comporte a pluralidade de vidas e culturas que se encontram nele, onde pessoas indígenas possam viver com dignidade e sem ameaças constantes.

Não é de hoje que nós, povos indígenas, estamos nos inserindo em circuitos de produção epistêmica comuns aos outros povos, como a escrita, a publicação, a academia, os circuitos culturais — artes plásticas, audiovisual, teatro e música —, a educação escolar e inclusive a educação superior e demais institucionalidades. Notou-se entre alguns de nós uma grande necessidade de nos fazer presentes em tais espaços não indígenas — que parasitam e transformam nossos territórios sagrados em centros urbanos minados de violência e calamidades — para defender, dentro das instituições, nosso modo de vida tradicional. Como sintetiza Melià (1990), "a alfabetização quer assimilar o índio; o índio quer assimilar a alfabetização para não ser assimilado". Nós, indígenas, apropriamo-nos dos códigos linguísticos para utilizá-los como instrumento de luta, e não para sermos alienados por ele. É um processo de adequação desses meios pelo nosso uso, no intuito de fortalecer a resistência e a defesa de nosso modo de ver o mundo de forma mais efetiva e por intermédio da memória espiritual:

> Nossos pensamentos se expandem em todas as direções e nossas palavras são antigas e muitas. Elas vêm de nossos antepassados. Porém, não precisamos, como os brancos, de peles de imagens para impedi-las de fugir da nossa mente.

> Não temos de desenhá-las, como eles fazem com as suas. Nem por isso elas irão desaparecer, pois ficam gravadas dentro de nós. Por isso nossa memória é longa e forte. O mesmo ocorre com as palavras dos espíritos Xapiri, que também são muito antigas. Mas voltam a ser novas sempre que eles vêm de novo dançar para um jovem xamã, e assim tem sido há muito tempo, sem fim. Nossos xamãs mais antigos nos dizem: "Agora é sua vez de responder ao chamado dos espíritos". (Albert e Kopenawa, 2010, p. 770)

A resistência epistêmica permanece focada nos valores ancestrais e nos saberes práticos, transmitidos de geração em geração nos ambientes diversos pelos quais passamos ou os quais habitamos. Nosso corpo — mesmo o dos escreventes — permanece não colonizado. E, como diz Antônio Bispo dos Santos (2015), inclusive o daqueles que fazem o grande esforço de executar tal representatividade onde, para os não indígenas, é o habitat dos eruditos/intelectuais — que geralmente também são os fazedores e manipuladores das leis civis e epistêmicas: o interior das instituições.

Por entre muitas lutas e infindáveis esforços, hoje estamos nas universidades, nas prefeituras, no serviço público, nos museus e galerias, nas escolas, nos projetos de envolvimento cultural e territorial, nos fóruns de cultura, na publicação de livros e artigos, entre outros, para dialogar com outros povos e com a sociedade em geral sobre a necessidade fundamental da manutenção de uma vida coletiva, sobre as cosmovisões que atravessam milênios, sobre as atrocidades que são praticadas contra nós, sobre o racismo que sofremos e também sobre o apagamento que nos é imputado quando se trata dessas questões. Porque, ainda que se manifestem na academia nuances *decoloniais*, percebemos a não efetividade desse termo/palavra/código, geralmente aplicado às pesquisas, para tratar de nossas lutas. Questionamos a quem o faz: como essa episteme é interpretada nas práticas sociais de apreensão da realidade? Afinal, compreendemos na estrutura dos muitos discursos daquela(e)s que tratam dessa questão pela perspectiva do "decolonialismo" a permanência da marca colonialista. Como indígenas, afirmamos que não somos *decoloniais*, pois entendemos que, embora as violências sejam permanentes, constantes e apresentadas por vários prismas, nosso corpo nunca foi nem será colonizado.

Os pensamentos, as ações e as discursividades de luta e sobrevivência sempre demonstraram a força ancestral e milenar em nossos modos de fazer e caminhar, mesmo quando andamos entre aquela(e)s que pensaram nos subjugar. O mundo não indígena, dito "dominante" ou "dominador", procura nos colocar como parte marginalizada ou inferiorizada da dita "sociedade" — isto é, como unidade que compõe uma suposta "sociedade brasileira" hegemônica — no intuito de tentar homogeneizar a pluralidade de nossas epistemes e etnicidades, classificando-nos por esse conceito criado por eles e, inclusive, impondo-nos tal jogo de escrita e, consequentemente, tal papel no mundo, como nos ensina o mestre quilombola Nego Bispo:

> Como sabemos, estes povos possuem várias autodenominações. Os colonizadores, ao os generalizarem apenas como "índios", estavam desenvolvendo uma técnica muito usada pelos adestradores, pois sempre que se quer adestrar um animal a primeira coisa que se muda é o nome. Ou seja, os colonizadores, ao substituírem as diversas autodenominações desses povos, impondo-os uma denominação generalizada, estavam tentando quebrar as suas identidades, com o intuito de os coisificar/desumanizar. (Santos, 2015, p. 27)

Nós, povos autodenominados, somos únicos, e é por isso que temos palavras diferentes para definir cada autodenominação, pois somos inúmeros — com costumes e línguas próprias diferentes entre si — e cada uma das palavras ancestrais utilizadas diz algo único sobre determinado povo, a cosmovisão, a cultura e os entendimentos de mundo. Somos Charrúa, Apurinã, Guarani Nhandeva, entre outros. E não cabe aqui a generalização, que é um dos caminhos mais comuns dos racismos sistêmico e estrutural. Tentam impor a universalização por meio dos termos "indígena" e "índio", embora não sejamos apenas uma categoria dos povos antigos. Mas, por conta desses termos, nosso corpo tem sido colocado em um mesmo lugar. Fazem epistemologicamente o que já fazem territorialmente desde a invasão, e assim nos violam de modo abstrato e tentam apagar nossa identidade. Esse processo está sabiamente evidenciado na fala de Bispo por meio do conceito de adestramento — trata-se de uma violência epistemológica colonialista que enfrentamos até a contemporaneidade.

Com nossas vozes indígenas, objetivamos nos fazer presentes no espaço simbólico da epistemologia institucionalizada, o que não diminui de forma nenhuma nossas etnicidades singulares, mas possibilita outro viés de defesa de nosso modo de ver e tratar a terra com respeito e justiça, e também de tratar as culturas alheias pela óptica citada. Existe uma mentalidade não linear e não logocêntrica em nossas pegadas sobre a Terra (Silva, 2018). Os corpos permeados pelos grafismos em urucum e jenipapo veem seu território marcado por nossos antepassados que ali tombaram, então tomam fôlego para realizar as inúmeras retomadas (Urruth, 2018) não como um substantivo ou palavra inventada, mas como um fazer constante da vida.

Buscamos o bem-viver, traduzido em inúmeras línguas. No caso deste território a que chamam Brasil somos 305 etnias, com 274 línguas, que narram histórias, conceitos e palavras que marcam as nossas cosmovisões, como demonstra o parente Ailton Krenak (2020, p. 16-17) ao escrever sobre a relacionalidade com a Terra e o bem-viver:

> Para vocês entenderem, quando falam de cosmovisão yanomami, cosmovisão guarani, é exatamente porque essas tradições remontam a uma narrativa de criação de mundo. Então são mundos. Para os jovens, o pessoal que está entrando em contato com o campo da ciência, das informações sobre a vida no nosso planeta, eu acho que é muito importante terem contato com a ideia de que a Terra é um organismo vivo, que ela não é uma coisa. E isso, fundamentalmente, distingue o que é bem-estar, do que é Bem-Viver.

Nesse sentido, estende-se a parentela dos territórios com nossos corpos e seres, pois a Terra, além de criadora e mantenedora, é — assim como nós — parte da grande relação com a vida, sem distinção ou classificação. No entanto, quando invadem nossos territórios, violam-nos e matam os rios, as nascentes, as matas, não seremos nós que revidaremos com os mesmos tipos de ataque: nossa ética permanece intacta. Pandemias como a da covid-19 e suas variantes estão vigentes para mostrar que, naturalmente, a terra devolve todo o mal que sofre.

Na atualidade, escrevemos nestas peles de papel (Albert e Kopenawa, 2010, p. 63) para dividirmos com vocês nossas palavras, para narrar uma história que há muito nos vem sendo transmitida por nossas lideranças espirituais. Escrever, portanto, na pele de papel é uma forma de externar um pedido de socorro, para que tomem nossas mais antigas palavras para si e possam se unir a nós na luta pela demarcação e manutenção/defesa dos territórios tradicionais, que são de fundamental importância para a sobrevivência de toda a humanidade na Terra. Nossa luta é pelo bem-viver; assim, nossa ética segue intacta, pois temos valores antigos e espirituais que não se baseiam em algo tão frágil como uma folha de papel, ou em sistemas de signos fechados em publicações postos à prova por outros *experts* desconfiados, como acontece com o conhecimento científico. Baseamos nossos saberes na confiança entre os pares e na bondade que consiste no compartilhamento, na comunicação generosa e, principalmente, no cuidado com a ordem natural de todas as coisas — isto é a ciência dos povos originários pindorâmicos (Santos, 2015). E é sobre isto que viemos falar: sobre a resistência epistêmica da bondade que sempre nos disse respeito.

Um dia desses, uma pessoa não indígena veio nos perguntar: "Como se daria a expulsão de todas as pessoas que chegaram ao Brasil nas caravelas?". Isso foi motivo de reflexão, pois nossa ideia não era expulsar ninguém, mas conviver com o mínimo de paz e respeito entre os povos. Porém, nossa ideia sempre generosa parece não funcionar na cabeça dos não indígenas. Se não estiverem nos territórios para praticar genocídio, ecocídio ou as atrocidades epistêmicas e as mais diversas violências, não sabem habitar harmoniosamente. Eles não nos entendem, porque sua lógica é a lógica da propriedade privada; nessa pergunta fica evidente mais uma vez que eles não nos escutam ou não querem nos escutar, pois não desejam e não sabem dividir o produto interno bruto, não sabem! Mantêm a cultura do acúmulo e do consumo, constroem muros para se defender das feras que eles mesmos colocaram nesse lugar de "fera" e criam para estas o lugar simbólico do "diabólico cristão" quando elas agem em legítima defesa. Além disso, existe ainda outra estrutura de opressão presente em toda essa sistemática: o patriarcado. O patriarcado legitima o sistema de dominação e sujeição dos corpos ditos "marginalizados", fomentando uma pirâmide social mantenedora de suas próprias construções, onde regulamenta, por meio de suas ciências sociais, as próprias "práticas de legibilidade" que visam manter o pleno funcionamento desse mesmo sistema de dominação (Das e Poole, 2004).

Trazemos essa terceira imagem para que o(a) leitor(a) possa compreender um pouco mais sobre a luta das mulheres indígenas e a esperança que ensinamos a nossas crianças. Ao mesmo tempo, elas nos ensinam, mesmo quando estamos em meio à cidade de Brasília, com diversas dificuldades, bem longe de nossa biodiversidade naturalmente cultivada e de nossa territorialidade em retomada. Os olhos da esperança são sementes capazes de atravessar gerações

Os olhos da esperança, acampamento indígena Luta pela Vida. Jeguakai Nhandeva Charrúa, Artivismo Indígena, 2021.

e gerações e renascer não apenas sobreviventes, mas enunciadores de formas próprias de perceber o mundo e confluir com ele.

A imagem, assim como a escrita, enfoca aquilo que para nós é de fundamental importância: as vidas indígenas. Em primeiro plano, vemos a figura de uma mãe e de uma criança do povo tupinambá que tinham acabado de chegar ao Palácio do Planalto. Capta-se na fotografia o encantamento de um momento silencioso em meio ao barulho, um momento de respiro e de conexão com forças muito mais do que humanas, algo bem comum no cotidiano das mulheres indígenas.

A esperança da qual falamos está relacionada com a lucidez ambiental (Silva, 2018), exercitada em nossos cotidianos pela prática de respeito à terra, às águas e ao ar. É a conexão direta com esses elementos que nos faz viver aqui há no mínimo dez milênios — e não apenas desde 1500. É a esperança na continuidade do exercício de nossa cultura, da educação e da ética indígenas, resilientes e mantenedoras de saberes ancestrais que diferenciam as mulheres indígenas das demais mulheres e de outros gêneros de pessoas.

Tudo começa no olhar atencioso, no que guia e no que é guiado, para ver sem espetacularizar, para compreender e participar, para se inserir corretamente na situação segundo as epistemes indígenas. Depois e durante o olhar, a interação. Em meio a constantes gestos contínuos, como esse da observação guiada pela criança que mostra à mãe algo no céu, assim como os gestos da fala, do deslocamento, da experiência no território ou onde quer que estejamos, nós transmitimos para nossos pares, bem como para nossos parceiros de luta, os ensinamentos milenares e plurais de que nós, indígenas, somos guardiões. Não cabe apenas aos adultos a tarefa do ensinamento, mas a todos, inclusive às crianças. Isso porque os saberes milenares aos quais nos referimos não têm relação somente com códigos a ser repassados mecanicamente de mãe para filha, por exemplo, mas também com uma conexão e um relacionamento contínuo com humanos e não humanos — relação horizontal, que é viabilizada por nosso modo de viver indígena e por nossos modelos próprios de comunicação e educação.

O mundo mágico da esperança está germinado em nós, povos indígenas, e conectado diretamente com o mundo que nos rodeia. É uma via de mão dupla. Dessa forma, conscientizamos a nós mesmos e àqueles que defendem a vida com nosso modo de ser e com cada uma de nossas epistemes, territorializadas em nosso corpo mesmo quando nos encontramos em ambiente hostil. Não é fácil, muito menos desejável, ter de viver no ambiente devastado das cidades e das instituições. É um sacrifício que nossas guerreiras e nossos guerreiros fazem para colaborar com a proteção e a manutenção de nossas bases e de nosso direito de existir. É por isso que nós, mulheres indígenas, às vezes somos impedidas de ser em nosso modo de viver tradicional e até mesmo de nos fazer presentes em vários momentos do desenvolvimento espiritual e material de nossos filhos, para nos inserirmos nas instituições e nos lugares predominantemente não indígenas e lutar pela defesa de nossas comunidades. Hoje, temos de estar sempre informadas sobre o que está acontecendo na agenda política nacional e internacional, para saber quando estão planejando realizar novo ataque contra nossa vida. Fazemos o esforço por nossas crianças e pelo futuro de toda a humanidade.

O retorno sangrento das teses sobre o marco temporal no Supremo Tribunal Federal fere infinitamente não só os papéis que nos foram impostos e que, sem muitas outras opções, aceitamos quando passaram a nos reconhecer como pessoas de direito na Constituição da República Federativa do Brasil (1988). Os ditos "direitos originários" estabeleceram a prerrogativa da posse das terras tradicionalmente habitadas pelos índios, mas com a cruel tese e os atuais projetos de lei estamos sendo novamente ameaçados. Grafamos, portanto, o direito à diferença, expressa na Carta Magna (Brasil, 1988), *ex vie*: "Artigo 231 — São reconhecidos aos índios sua organização social, costumes, línguas, crenças e tradições, e os direitos originários sobre as terras que tradicionalmente ocupam, competindo à União demarcá-las, proteger e fazer respeitar todos os seus bens".

Os projetos de lei 490/2017 e 2633/2020 violam a Carta Magna, que regulariza constitucionalmente a "nação brasileira". Estamos mais uma vez ameaçados pela bancada ruralista e por seus aliados, o que mostra quanto o esbulho contra nossa vida ainda é o projeto da dita nação. Observe-se que nossas terras foram invadidas há mais de meio milênio. Recebemos com afeto os novos habitantes, cuidamos de suas doenças e feridas da longa viagem e dividimos com eles nosso espaço, sem nem sequer imaginar o genocídio que planejavam contra nós. Mas essa não foi a única investida contra nossa existência.

Na história recente deste território, persistem diversas questões desumanas contra nós, indígenas, como o trabalho em condições de escravidão no Mato Grosso do Sul e no Rio Negro (entre outros lugares), e a mineração ilegal em terras indígenas, que ocasiona os ataques armados de pistoleiros e latifundiários do agronegócio (os quais mantêm estreitas relações com figuras representantes do governo federal e da "segurança pública", na última década). O descaso da Fundação Nacional do Índio (Funai) é vergonhoso: além dos 231 processos demarcatórios de terras indígenas paralisados, nenhum dos 536 pedidos de lideranças indígenas de formação de grupos de trabalho para atuarem na demarcação de nossos territórios tradicionais foi atendido.

Há, ainda, o descaso com a saúde indígena, o não acompanhamento da segurança alimentar de diversas comunidades, o não gerenciamento dos impasses e dificuldades na geração de documentos específicos e o apagamento imputado a nossas epistemes. Isso pode começar a ser minimamente revertido por meio da implementação de ações afirmativas que garantam vagas exclusivas para pessoas indígenas nas universidades — que formam os profissionais atuantes nesses e em outros campos —, pois quando adentrarmos as instituições em considerável número/quórum poderemos, enfim, combater de modo efetivo a precariedade desses espaços e os racismos sistêmicos e estruturais que ainda violentam nosso corpo. Não existe uma troca de saberes quando apenas uma parte é escutada, e é por isso que hoje também escrevemos.

As palavras de esperança que deixamos aqui registradas, aliadas às palavras de protesto, tratam de uma visão de mundo que o compreende de modo diferenciado; tratam de nosso corpo coletivo não colonizado, contracolonial, que herdamos de nossas avós e bisavós, e antes delas de tantas outras. Aprendemos com nosso modo de ser originário de Abya Yala,[2] que resiste de diversas maneiras no que eles chamam de América e, mais especificamente, de Brasil.

Escrevemos, movimentamo-nos, fotografamos, ensinamos e aprendemos e compartilhamos muitas coisas por meio das "peles de papel" e das demais tecnologias e estratégias contemporâneas de comunicação.

Desejamos que os papéis que um dia foram árvores, que tiveram folhas e flores, conheceram a noite e as sombras e conversaram com o sol e as estrelas, quando utilizados para tratar das epistemologias indígenas, sobretudo por intermédio do protagonismo e da voz das pessoas indígenas, sejam instrumentos de liberdade, escrita aplicada, para fazer jus a nosso modo auto-organizado e ambientalmente consciente de viver.

Propomos, com este texto, abordar conceitos e imagens que possam se tornar novas sementes no mundo atual, sementes inventadas por mulheres indígenas de povos e troncos diferentes que se unem em prol de algo que nós [as autoras] chamamos de artivismo indígena, ou ativismo político criativo "artístico" e intelectual. Nós o praticamos com o uso de várias linguagens e meios (a escrita, a fotografia, o audiovisual, a pintura, a gravura, o desenho, a escultura, a performance, a música, a ciência, a antropologia etc.) e com uma abordagem originária plural e encantada do corpo coletivo que somos e que nos atravessa.

Rezamos e atuamos na espiritualidade e na materialidade, enquanto mulheres indígenas artivistas, para que essas sementes possam algum dia colaborar com a luta da afirmação de direitos para os povos indígenas e, consequentemente, com maiores garantias para todos de um futuro melhor do que o presente, talvez mais próximo do que um dia já foi, talvez ainda melhor.

2. Para nós, povos indígenas, Abya Yala é o nome que designa o território "latino" do continente "americano". Ele foi assim nomeado pelo povo kuna antes da chegada de Cristóvão Colombo e dos demais invasores europeus. Abya Yala significa "terra em plena madurez" ou "terra de sangue vital".

Referências bibliográficas

ALBERT, Bruce; KOPENAWA, Davi. *A queda do céu*: palavras de um xamã yanomami. São Paulo: Companhia das Letras, 2010.

BRASIL. *Constituição da República Federativa do Brasil*. Brasília: Senado Federal, 1988.

DAS, Veena; POOLE, Deborah (orgs.). *Anthropology in the margins of the state*. Santa Fé: School of American Research Press; Oxford, Inglaterra: James Currey, 2004.

KRENAK, Ailton. Caminhos para a cultura do Bem Viver. [s.l.], 2020. Disponível em: https://www.biodiversidadla.org/Recomendamos/Caminhos-para-a-cultura-do- Bem-Viver. Acesso em: 6 set. 2022.

MELIÀ, Bartolomeu. "A terra sem mal dos Guarani". *Revista de Antropologia* [S. l.], v. 33, 1990, p. 33-46. Disponível em: https://www.revistas.usp.br/ra/article/view/111213. Acesso em: 12 jun. 2021.

SANTOS, Antônio Bispo dos. *Colonização, quilombos, modos e significações*. Brasília: Instituto de Inclusão no Ensino Superior e na Pesquisa, Universidade de Brasília, 2015.

SILVA, Bruna Lopes. *Akiteoppolitika*: a (des)konstrução estética do discurso. Trabalho de Conclusão de Curso (Graduação em Bacharelado em Artes Visuais) – Centro de Artes, Universidade Federal de Pelotas, 2018.

URRUTH, Maria de Fátima Nascimento. *Terra, vida, justiça e demarcação*: mulheres Kaiowá e a luta pela Terra Indígena Taquara, município de Juti, Mato Grosso do Sul, Brasil. Dissertação (Mestrado em Antropologia Social e Cultural) – Universidade Federal de Pelotas, Pelotas, 2018.

Os autores

Alexandre de Lourdes Laudino

Mestre em Filosofia Política, Ética e Subjetividade pela Universidade Federal Rural do Rio de Janeiro (UFRRJ), com dissertação sobre o tema *Reflexões sobre biopolítica na filosofia de Michel Foucault*: considerações sobre a metodologia e sobre o controle das populações. Especialista em Diversidade Étnico-Racial e Educação Superior Brasileira pela UFRRJ, com a monografia *A filosofia como modo de vida*: um estudo comparativo dos ensinamentos de Ptahhotep e Epicteto, é professor da Secretaria Estadual de Educação do Rio de Janeiro (Seeduc), na qual atua em quatro instituições — Colégio Estadual Hilton Gama, Colégio Estadual Dr. Oscar Pimenta, Colégio Estadual Lourenço Filho e Ciep 397. Atua como professor colaborador do Pré-Vestibular para Negros e Carentes da Pastoral da Juventude (PVNC-PJ Igreja Santo Antônio). Foi docente do Colégio Estadual Pereira Guimarães Filho (Colégio Prisional-Seap). ID Lattes: 5729229727566825.

Bas'Ilele Malomalo

Oriundo da etnia-nação mongo-ndegese, nasceu na aldeia de Idumbe, na República Democrática do Congo. É graduado em Filosofia pelo Institut Philosophicum Saint François-Xavier de Mbuyi-Mayi. Doutor em Sociologia pela Universidade Estadual Paulista "Júlio de Mesquita Filho" (Unesp), é docente de graduação nos cursos das Relações Internacionais e Ciências Sociais e do Mestrado Interdisciplinar em Humanidades (MIH) do Instituto de Humanidades e Letras (IHL) da Universidade da Integração Internacional da Lusofonia Afro-Brasileira (Unilab), além de professor colaborador no Programa de Pós-Graduação em Políticas Sociais e Cidadania (PPPSC) da Universidade Católica do Salvador (Ucsal). É também coordenador do Grupo de Pesquisa "África-Brasil: Produção de conhecimentos, sociedade civil, desenvolvimento e cidadania global"; pesquisador associado do Centro dos Estudos das Culturas e Línguas Africanas e da Diáspora Negra (Cladin-Unesp) e da Rede para o Constitucionalismo Democrático Latino-Americano. Atua como pesquisador e membro do Comitê Internacional da Cadeira da Unesco Educação Transformadora, Democracia e Cidadania Mundial, da Université du Québec en Outaouais (UQO), Canadá, e como especialista da plataforma Harmony With Nature, da ONU. Tem experiência na área de Ciências Sociais, História da África e do Negro no Brasil, atuando sobretudo nos seguintes temas: sociologia africana, estudos das relações étnico-raciais, multiculturalismo, migrações, cooperação internacional, desenvolvimento sustentável, direitos da natureza, segurança alimentar e nutricional. É estagiário pós-doutorado no Instituto de Biociências do Departamento de Educação da Unesp Botucatu e pesquisador do Centro de Ciência e Tecnologia para Soberania e Segurança Alimentar e Nutricional (Interssan-Unesp). Fundador do Per Ankh Ntu – Escola Filosófico-teológica Kamita/Afrikana. ID Lattes: 2442167007595307.

Dagoberto José Fonseca

Tem graduação, mestrado e doutorado em Ciências Sociais pela Pontifícia Universidade Católica de São Paulo (PUC-SP), pós-doutorado em Educação pela Universidade Estadual de Campinas (Unicamp) e livre-docência em Antropologia Brasileira pela Faculdade de Ciências e Letras da Unesp Araraquara. É docente da Faculdade de Ciências e Letras da Unesp, no Departamento de Antropologia, Política e Filosofia e no Programa de Pós-Graduação em Ciências Sociais do campus de Araraquara; membro do Programa de Pós-Graduação Dottorato in Scienze Umane da Università degli Studi di Perugia (Itália) e do Programa de Pós-Graduação em Serviço Social da Faculdade de Ciências Humanas e Sociais (Unesp Franca). Coordenador do Projeto Interdisciplinar do Programa Institucional de Bolsa de Iniciação Científica à Docência (Pibid) no projeto "Educação de Jovens e Adultos: o letramento crítico como base para uma abordagem interdisciplinar", vinculado a Capes/MEC; assessor da Comissão Nacional da Verdade sobre a Escravidão Negra no Brasil do Conselho Federal da Ordem dos Advogados do Brasil. Foi coordenador-geral e executivo do Núcleo Negro da Unesp para Pesquisa e Extensão (Nupe); coordenador-geral do Programa de Ações Afirmativas para a População Afro-Brasileira do Nupe (convênio Unesp/MEC/Secad); coordenador do Centro de Referência Afro do Município de Araraquara, em parceria com a Assessoria Especial de Promoção da Igualdade Racial da Prefeitura Municipal de Araraquara (convênio Unesp-Prefeitura de Araraquara, 2006-2008); supervisor do Grupo de Trabalho do Nupe da Faculdade de Ciências e Letras da Unesp Araraquara; líder do Grupo de Trabalho do Nupe-Cladin-Lead, da Faculdade de Ciências e Letras da Unesp Araraquara (CNPq); coordenador-geral do Programa Nacional de Qualificação Profissional e Social para as populações afro-brasileiras, indígenas, ciganos e membros das religiões afro-brasileiras (convênio Unesp/Ministério do Trabalho e Emprego, 2007-2008); coordenador do Centro de Estudos das Culturas e Línguas Africanas e da Diáspora Negra (Cladin) da Faculdade de Ciências e Letras da Unesp Araraquara; membro da Comissão Assessora e Técnica Nacional de Diversidade e Assuntos Relacionados aos Afro-Brasileiros (Cadara), do Ministério da Educação (2006-2010); chefe do Departamento de Antropologia, Política e Filosofia da citada faculdade da Unesp (2011-2015). É parecerista da Fundação de Amparo à Pesquisa do Estado de São Paulo (Fapesp) e de outras instituições de fomento à pesquisa, bem como de revistas acadêmico-científicas. Tem experiência e publicações na área de Antropologia e Sociologia, com ênfase em antropologia das populações afro-brasileiras e africanas, atuando sobretudo nos seguintes temas: cidadania, educação, memória, corpo, identidade, imaginário, cultura, políticas públicas, religião, mulher negra e organizações sociais. Orcid: Orcid.org/0000-0002-6279-6687; ID Lattes: 8483229888324823.

Denise Dias Barros

Mestre em Ciências Sociais (Antropologia) pela Pontifícia Universidade Católica de São Paulo (PUC-SP) e doutora em Sociologia pela Universidade de São Paulo (USP). Realizou pós-doutorado na França, no Laboratoire Systèmes de Pensée en Afrique Noire (École Pratique des Hâutes Études, CNRS) e foi pesquisadora residente (*fellow*) do Institute for Advanced Studies de Nantes (2008-2009). Docente aposentada pela Universidade de São Paulo, onde trabalhou entre 1985 e 2015, pertence ao quadro de docentes e orientadores do Programa de Pós-Graduação Interunidades em Estética e História da Arte da USP e do Mestrado Profissional em Terapia Ocupacional da FMUSP. É membro-fundadora da Casa das Áfricas-Amanar, em São Paulo. Recebeu em 2005 o terceiro lugar do Prêmio Jabuti por seu livro *Itinerários da loucura em territórios dogon*. É membro-fundadora e atuante do Projeto Metuia, grupo interinstitucional de pesquisas e ações pela cidadania de crianças, jovens e adultos em processos de ruptura das redes sociais de suporte. Realizou pesquisas sobre o tratamento social e a percepção da loucura, a migração, a história das relações entre arte e antropologia e as práticas religiosas (ancestralidade e Islã), tendo como campo a sociedade dogon, da República do Mali. Desde 2010, tem realizado estudos sobre mobilidade de pessoas no continente africano, notadamente entre o oeste e o norte da África — com estudos de campo no Mali e no Egito — e sobre expressões culturais tamacheques e em sua diáspora. No Brasil, pesquisa grupos em processo de ruptura de redes sociais, religiosidade, mobilidade e migração. Atua nos campos da terapia ocupacional social e da antropologia — com ênfase em antropologia das sociedades africanas, interfaces entre artes e história e antropologia visual. Orcid: orcid.org/0000-0002-4145-3415. ID Lattes: 6607056840278610.

Kowawa Kapukaja Apurinã (Maria de Fátima Nascimento Urruth)

Nasceu indígena da etnia apurinã do Médio Purus (AM). Doutoranda em Antropologia pela Universidade Federal Fluminense (UFF), bacharela em Direito, licenciada em Artes Visuais e mestra em Antropologia, tendo obtido os três títulos na Universidade Federal de Pelotas (UFPel). Mestra em Educação e

Tecnologia pelo Instituto Federal Sul-Rio-Grandense, tem experiência nas áreas de Artes, Antropologia, Educação e Direito. Atua sobretudo nos seguintes temas: educação indígena, educação ambiental, questões raciais, ações afirmativas e mulheres indígenas. Membro-fundadora do Instituto Pupykary do Povo Apurinã. Cofundadora da Articulação Brasileira de Indígenas Antropóloges (Abia), cofundadora do coletivo: Artivismo Indígena. Pesquisa povos indígenas, violências e ancestralidades indígenas. Artista, educadora e produtora cultural. Editora do portal Catarinas (https://catarinas.info/#). Ativista dos direitos, humanos ou não. Atualmente, desenvolve pesquisa com o povo tupinambá de Olivença (Acuípe) nas áreas de retomada no sul da Bahia. ID Lattes: 4580001101461928.

Kunhã Jeguakai Nhandeva Charrúa (Bruna Lopes Silva)

Pertence ao povo guarani, sendo natural do território da bacia hidrográfica Mirim-São Gonçalo. Bacharela em Artes Visuais pela Universidade Federal de Pelotas (UFPel), pesquisa a questão discursiva na ética das imagens e as relações de poder estabelecidas por meio delas, os processos de desterritorialização e violência decorrentes da atividade civilizatório-urbanizada e a assimilação forçada da cultura e da economia não indígena. Atua no fomento e na produção de resistência enunciativa na produção cultural guarani e kaiowá contemporânea, visando colaborar na retomada poética e política do Tekoha ñee Katu (palavra/enunciação em guarani que representa respeito à terra, aos outros, à justiça e à defesa da plena manutenção da vida, do território tradicional, da cosmovisão, do modo de ser e produzir pensamento dos povos originários). Trabalha com produção e reflexão sobre imagens visuais, sonoras, performáticas e audiovisuais, bem como produção de comunicação indígena em mídias digitais. É artista, produtora cultural, ativista de direitos humanos e direitos indígenas. Cofundadora dos coletivos de mulheres Artivismo Indígena e Feminismo Essencial, é membro do Conselho Yusiti Tekoá Pindó, do Fórum de Ação Permanente pela Cultura de Porto Alegre (RS). Atua, ainda, como produtora cultural no Ateliê Mãos de Lótus. Foi bolsista de monitoria do Ateliê de Gravura da UFPel e depois colaboradora. Participou como mediadora e debatedora do projeto integrado (ensino, pesquisa e extensão)

"Patafísica: mediadores do imaginário" e do projeto de extensão "Galeria A SALA: arte contemporânea para o público". Participou também do projeto de ensino "Zigoto: seminário de experimentações poeticoeducativas". ID Lattes: 9851620968184780.

Muryatan Santana Barbosa

É bacharel em História, mestre em Sociologia, doutor e pós-doutor em História da África, tendo obtido todos esses títulos na Faculdade de Filosofia, Letras e Ciências Humanas (FFLCH) da Universidade de São Paulo (USP). Foi pesquisador visitante na Universidade Harvard e consultor da Unesco Brasil para o "Programa Brasil-África: histórias cruzadas". Trabalha atualmente com temáticas relativas a pan-africanismo, união africana, sul global, relações étnico-raciais e teorias do sul. É professor adjunto dos bacharelados em Ciências e Humanidades e em Relações Internacionais, bem como do Programa de Pós-Graduação em Economia Política Mundial da Universidade Federal do ABC (UFABC). Membro do Núcleo de Estudos Africanos e Afro-brasileiros da UFABC (Neab-UFABC), é autor dos livros *Guerreiro Ramos e o personalismo negro* (Paco, 2015) e *A razão africana*: breve história do pensamento africano contemporâneo (Todavia, 2020), além de artigos especializados. Ganhador do Prêmio Jabuti em Ciências Sociais (2021) por *A razão africana* (2020). ID Lattes: 6114420838009053.

Patricio Batsîkama

É bacharel em História e Ciências Sociais pelo Instituto de Pedagogia Nacional (IPN) — hoje universidade — em Angola, mestre em História pela University of Plymouth, na Inglaterra, e doutor em Antropologia pela Universidade Fernando Pessoa, em Portugal. Atualmente é diretor do Centro de Estudos e Investigação Científica Aplicada do Instituto Superior Politécnico Tocoísta e professor de História de Angola da mesma instituição de ensino superior. Tem experiência na área de história, com ênfase em história da África Central Ocidental. ID Lattes: 8996275534002064.

Renato Noguera

É professor do Departamento de Educação e Sociedade (DES), do Programa de Pós-Graduação em Filosofia, do Programa de Pós-Graduação em Educação, Contextos Contemporâneos e Demandas Populares (PPGEduc) da Universidade Federal Rural do Rio de Janeiro (UFRRJ) e pesquisador do Laboratório de Estudos Afro-Brasileiros e Indígenas (Leafro). Doutor em Filosofia pela Universidade Federal do Rio de Janeiro (UFRJ), coordena o Grupo de Pesquisa Afroperspectivas, Saberes e Infâncias (Afrosin) e está envolvido com os projetos de pesquisa: "O que as crianças pensam sobre a escola: imagens, palavras e infâncias na Educação Infantil e no Ensino Fundamental" e "Modernidade", na perspectiva da crítica da razão negra. Coordena o projeto de Extensão Brinquedoteca Pedagoginga. Também é autor, roteirista e dramaturgo infantil. ID Lattes: 7589245190503189.

Tatiane Pereira de Souza

Doutora em Ciências Sociais pela Universidade Estadual Paulista "Júlio de Mesquita Filho" (bolsa Capes/Unesp), mestra em Educação pela Universidade Federal de São Carlos (bolsa Capes/Neab/UFSCar), na qual atuou em 2013 como professora orientadora de monografias do curso de Especialização em Educação para as Relações Étnico-Raciais (Neab/SEaD/UFSCar. É graduada em Pedagogia e em Gestão Educacional (2009), ambas pelo Centro Universitário de Rio Preto (Unirp). Atualmente, é pesquisadora do Centro de Estudos das Culturas e Línguas Africanas e da Diáspora Negra (Cladin), do Laboratório de Estudos Africanos, Afrobrasileiros e da Diversidade (Lead) e do Núcleo Negro da Unesp para Pesquisa e Extensão (Nupe), da Faculdade de Ciências e Letras da Unesp Araraquara, inscritos no CNPq. Fundadora e coordenadora do Akoma — Grupo de Estudos e Pesquisas em Africanidades, Culturas, Diversidades & Memórias associado ao GT: Cladin-Lead-Nupe/CNPq, da Unesp-FCLAr. É professora substituta da Universidade Federal de Uberlândia (UFU), no Instituto de Ciências Humanas do Pontal/ICHPO. Tem experiência nas áreas de Educação e Ciências Sociais, com ênfase em ensino-aprendizagem, pesquisa e extensão nos seguintes temas: processos educativos, culturas, culturas populares e tradicionais, culturas negras, diversidade étnica e cultural; Áfricas; congado; pertencimentos, identidades, memórias e culturas; equidade; gênero e sexualidade; educação ambiental e relações étnico-raciais, sobretudo nas áreas da Educação das Relações Étnico-Raciais, Antropologia, Sociologia, História e Filosofia de Áfricas e de suas Diásporas Negras. Vem atuando, principalmente, com docência e formação de professores, profissionais da educação, servidores públicos e privados, capacitando pessoas e instituições para sustentabilidade, valorização das africanidades, inclusão social e respeito às diferenças. ID Lattes: 3454749523832801.